—— 乡村振兴特色优势产业培育工程丛书

中国青稞产业发展蓝皮书

（2023）

中国乡村发展志愿服务促进会 组织编写

中国出版集团
研究出版社

图书在版编目（CIP）数据

中国青稞产业发展蓝皮书. 2023 / 中国乡村发展志
愿服务促进会组织编写. —— 北京：研究出版社，2024.7

ISBN 978-7-5199-1687-9

Ⅰ. ①中… Ⅱ. ①中… Ⅲ. ①元麦－产业发展－研究
报告－中国－2023 Ⅳ. ①F326.11

中国国家版本馆CIP数据核字 (2024) 第110922号

出 品 人：陈建军
出版统筹：丁　波
责任编辑：戴云波

中国青稞产业发展蓝皮书（2023）

ZHONGGUO QINGKE CHANYE FAZHAN LANPI SHU (2023)

中国乡村发展志愿服务促进会　组织编写

研究出版社 出版发行

（100006　北京市东城区灯市口大街100号华腾商务楼）

北京建宏印刷有限公司印刷　新华书店经销

2024年7月第1版　2024年7月第1次印刷

开本：710毫米×1000毫米　1/16　印张：12.25

字数：194千字

ISBN 978-7-5199-1687-9　定价：66.00元

电话（010）64217619　64217652（发行部）

本书编写人员

主　　编：张玉红

副 主 编：张文会　白　婷　王姗姗　吴昆仑　杨希娟

编写人员：（按姓氏笔画排序）

王　建　王姗姗　尹小庆　邓俊琳　白　婷

包奇军　朱明霞　刘廷辉　刘家乐　刘梅金

阳思渊　张文刚　张文会　张玉红　杨希娟

吴昆仑　余国武　陈天荣　依斯麻　周素婷

赵　峰　赵拓涵　胡　赟　柳小宁　姚有华

贾福晨　聂成玲　夏　陈　党　斌　唐浩峰

朗杰玉珍　阎莹莹　隆　英　程若琼　曾亚文

靳玉龙　潘志芬

本书评审专家

（按姓氏笔画排序）

王祖明　王瑞元　孙宝忠　张忠涛　金　旻

赵世华　相　海　饶国栋　裴　东

编写说明

习近平总书记十分关心乡村特色优势产业的发展，作出一系列重要指示。2022年7月，习近平总书记在新疆考察时指出，要加快经济高质量发展，培育壮大特色优势产业，增强吸纳就业能力。2022年10月，习近平总书记在陕西考察时强调，产业振兴是乡村振兴的重中之重，要坚持精准发力，立足特色资源，关注市场需求，发展优势产业，促进一二三产业融合发展，更多更好惠及农村农民。2023年4月，习近平总书记在广东考察时要求，发展特色产业是实现乡村振兴的重要途径，要着力做好"土特产"文章，以产业振兴促进乡村全面振兴。党的二十大报告指出，发展乡村特色产业，拓宽农民增收致富渠道。巩固拓展脱贫攻坚成果，增强脱贫地区和脱贫群众内生发展动力。

为贯彻落实习近平总书记的重要指示和党的二十大精神，围绕"国之大者"，按照确保重要农产品供给和树立大食物观的要求，中国乡村发展志愿服务促进会认真总结脱贫攻坚期间产业扶贫经验，启动实施"乡村特色优势产业培育工程"，选择油茶、核桃、油橄榄、杂交构树、酿酒葡萄，青藏高原青稞、牦牛，新疆南疆核桃、红枣9个特色优势产业进行重点培育。这9个产业，都事关国计民生，经过多年的努力特别是脱贫攻坚期间的工作，具备了加快发展的基础和条件，不失时机地促进实现高质量发展，不仅是必要的，而且是可行的。中国乡村发展志愿服务促进会动员和聚合社会力量，促进发展木本油料，向山地要油料，加快补齐粮棉油中"油"的短板，是国之大者。促进发展核桃、杂交构树等，向植物要蛋白，加快补齐肉蛋奶中"奶"的短板，是国之大者。发展青

1

藏高原青稞、牦牛和新疆南疆核桃、红枣，加快发展西北地区葡萄酒产业，是脱贫地区巩固拓展脱贫攻坚成果和实现乡村产业振兴的需要，也是实现农民特别是脱贫群众增收的重要措施。通过培育重点企业、强化科技支撑、扩大市场销售、对接金融资源、发布蓝皮书等工作，服务和促进9个特色优势产业加快发展，努力实现农民增收、企业盈利、消费者受益的目标。

发布蓝皮书是培育工程的一项重要内容，也是一项新的工作。旨在普及产业知识，记录产业发展轨迹，反映产业状况，推广良种良法，介绍全产业链开发的经验做法，对产业发展进行预测和展望。营造产业发展的良好社会氛围，加快实现高质量发展。2023年蓝皮书的出版发行，得到了社会各界的广泛认可，并被有关部门列入"乡村振兴好书荐读"书目。

2024年，为进一步提高蓝皮书的编撰质量，使其更具知识性、史料性、权威性，促进会提早着手、统筹谋划，统一编写思想和体例，提出数据采集要求，召开了编写提纲讨论会、编写调度会、专家评审研讨会等。经过半年多努力，现付梓面世。丛书的出版发行，得到了各方面的大力支持。我们诚挚感谢所有参加蓝皮书编写的人员及支持单位，感谢在百忙之中参加评审的专家，感谢为丛书出版提供支持的出版社和编辑。虽然是第二年编写蓝皮书，但因为对有些产业发展的最新数据掌握不全，加之水平有限，谬误在所难免，欢迎广大读者批评指正。

2024年4月23日，习近平总书记在重庆主持召开的新时代推动西部大开发座谈会上强调，要坚持把发展特色优势产业作为主攻方向，因地制宜发展新兴产业，加快西部地区产业转型升级。习近平总书记的重要指示，进一步坚定了我们继续编写特色产业蓝皮书的决心和信心。下一步，我们将认真学习贯彻习近平总书记重要指示精神，密切跟踪九大特色产业发展轨迹，关注分析国内外相关情况，加强编写队伍，争取把本丛书做精做好，做成品牌。

丛书编委会

2024年5月

代 序

乡村振兴特色优势产业培育工程实施方案

中国乡村发展志愿服务促进会

2022年7月11日

民族要复兴,乡村必振兴。脱贫攻坚任务胜利完成以后,"三农"工作重心历史性转到全面推进乡村振兴。为贯彻落实习近平总书记关于粮食安全的重要指示精神,落实《国家乡村振兴局 民政部关于印发〈社会组织助力乡村振兴专项行动方案〉的通知》(国乡振发〔2022〕5号)要求,中国乡村发展志愿服务促进会(以下简称促进会)认真总结脱贫攻坚期间产业扶贫经验,选择油茶、油橄榄、核桃、酿酒葡萄、杂交构树,青藏高原青稞、牦牛,新疆南疆核桃、红枣9个特色优势产业进行重点培育,编制《乡村振兴特色优势产业培育工程实施方案》(以下简称《实施方案》)。

一、总体要求

(一)指导思想

以习近平新时代中国特色社会主义思想为指导,全面贯彻习近平总书记关于"三农"工作的重要论述,立足新发展阶段,贯彻新发展理念,构建新发展格局,落实高质量发展要求。按照乡村要振兴、产业必先行的理念,坚持"大食物观"，立足不与粮争地，坚守18亿亩耕地红线，本着向山地要油料、向构树要蛋白的思路，加快补齐粮棉油中"油"的短板、肉蛋奶中"奶"的短板，持续推进乡村振兴特色优势产业培育工程。立足帮助优质农产品出村进城，不断丰富市民的"米袋子""菜篮子""果盘子""油瓶子"，鼓起脱贫地区人民群众的"钱袋子"。立足推动农业高质高效、乡村宜居宜业、农民富裕富足，为全面推进乡村振兴、加快农业农村现代化提供有力支撑。

（二）基本原则

——坚持政策引导，龙头带动。以政策支持为前提，积极为产业发展和参与企业争取政策支持。尊重市场规律，发挥市场主体作用，择优扶持龙头企业做大做强，充分发挥龙头企业的示范带动作用。

——坚持突出重点，分类实施。突出深度脱贫地区，遴选基础条件好、带动能力强的企业，进行重点培育。按照"分产业、分区域、分重点"原则，积极推进全产业链发展。

——坚持科技支撑，金融助力。加强对特色优势产业发展的科研攻关、科技赋能作用，促进科研成果及时转化。对接金融政策，促进企业不断增强研发能力、生产能力、销售能力。

——坚持行业指导，社会参与。充分发挥行业协会指导、沟通、协调、监督作用，帮助企业加快发展，实施行业规范自律。充分调动社会各方广泛参与，"各炒一盘菜，共办一桌席"，共同助力产业发展。

——坚持高质量发展，增收富民。坚持"绿水青山就是金山银山"理念，帮助企业转变生产方式，按照高质量发展要求，促进产业发展、企业增效、农民增收、生态增值。

（三）主要目标

对标对表国家"十四五"规划和2035年远景目标纲要，设定到2025年、2035年两个阶段目标。

——到2025年，布局特色优势产业培育工程，先行试点，以点带面，实现突破性进展，取得明显成效。完成9个特色优势产业种养适生区的划定，推广"良种良法"，建设一批生产基地。培育一批龙头企业、专业合作社和家庭农场等市场主体，建立重点帮扶企业库，发挥引领带动作用。聘请一批知名专家，建立专家库，做好科技支撑服务工作。培养一批生产、销售和管理人才，增强市场主体内生动力，促进形成联农带农富农的帮扶机制。

——到2035年，特色优势产业培育工程形成产业规模，实现高质量发展。品种和产品研发取得重大突破，拥有多个高产优质品种和市场占有率高的产品。种养规模与市场需求相适应，加工技术不断创新，产品质量明显提升，销售盈利能力不断拓展，品牌影响力明显增强。拥有一批品种和产品研发专家，一批产业发展领军人才和产业致富带头人，一批社会化服务专业人才。市场主体发展壮大，实现一批企业上市。联农带农富农帮扶机制更加稳固，为共同富裕添砖加瓦，作出积极贡献。

二、重点工作

围绕特色优势产业培育工程目标，以"培育重点企业、建立专家库、实施消费帮、搭建资金池、发布蓝皮书"为抓手，根据帮扶地区自然禀赋和产业基础条件，做好五项重点工作。

（一）培育重点企业

围绕中西部地区，特别是三区三州和乡村振兴重点帮扶县，按照全产业链发展的思路遴选一批产业基础好、发展潜力大、创新能力强的企业，建立重点帮扶企业库，作为重点进行培育。对有条件的龙头企业，按照上市公司要求和现代企业制度，从政策对接、金融支持、消费帮扶等方面进行重点培育，条件成熟的推荐上市。

（二）强化科技支撑

遴选一批品种研发、产品开发、技术推广、工艺研究等方面的专家，建立专家库，有针对性地对制约产业发展的"卡脖子"技术难题进行联合攻关。为企业量身研发、培育种子种苗，用"良种良法"助力企业扩大种养规模。加强产品研发攻关，提高产品品质和市场竞争力。充分发挥企业家在技术创新中的重要作用，鼓励企业加大研发投入，承接和转化科研单位研究成果，搞好技术设备更新改造，强化科技赋能作用。

（三）扩大市场销售

帮助企业进行帮扶产品认定认证，给帮扶地区产品提供"身份证"，引导销售。利用促进会"帮扶网""三馆一柜"等平台和载体，采取线上线下多种方式销售。通过专题研讨、案例推介等形式，开展活动营销。通过每年发布蓝皮书活动，帮助企业扩大影响，唱响品牌，进行品牌销售。

（四）对接金融资源

帮助企业对接国有金融机构、民营投资机构，引导多类资金对特色优势产业培育工程进行投资、贷款，支持发展。积极与有关产业资本合作，按照国家政策规定，推进设立特色优势产业发展基金，支持相关产业发展。利用国家有关上市绿色通道，帮扶企业上市融资。

（五）发布蓝皮书

组织专家编写分产业的特色优势产业发展蓝皮书。做好产业发展资料收集、整理、分析工作，加强国内外发展情况对比分析，在总结分析和深入研究的基础上，按照蓝皮书的基本要求组织编写，每年6月前对外发布上一年度产业发展蓝皮书。

三、保障措施

（一）组建项目组

促进会成立项目组，制定《实施方案》并组织实施。项目组动员组织专家、企业家和有关单位，分别成立9个项目工作组，制定产业发展实施方案并组织实施。做好产业发展年度总结，编写好分产业特色优势产业发展蓝皮书。

（二）争取政策支持

帮助重点龙头企业对接国家有关产业政策、产业发展项目。协调相关部门，加大帮扶工作力度，争取将脱贫地区重点龙头企业的产业发展规划纳入国家有关部门和有关地区的专项发展规划并给予支持。争取各类金融机构对重点帮扶龙头企业给予贷款、融资优惠,助力重点帮扶企业加快发展。

(三)坚持典型引领

选择一批资源禀赋好、发展潜力大、市场前景广的种养基地作为示范种养典型,选择一批加工能力精深、技术先进、效益良好的龙头企业作为产品加工示范典型,选择一批增收增效、联农带农富农机制好的市场主体作为联农带农富农典型。通过典型示范,引领特色优势产业培育工程加快发展。

(四)搞好社会动员

建立激励机制,让热心参与特色优势产业发展的单位和个人政治上有荣誉、事业上有发展、社会上受尊重、经济上有效益。加强宣传工作,充分运用电视、网络等多种媒体,加大舆论宣传推广力度,营造助力特色优势产业培育工程的良好社会氛围。招募志愿者,创造条件让志愿者积极参与特色优势产业培育工程。

(五)加强协调促进

充分利用促进会在脱贫攻坚阶段取得的产业发展经验和社会影响力,协调脱贫地区龙头企业对接产业政策,动员产业专家参与企业技术升级和产品研发,衔接金融资源帮助企业解决资金难题。发挥行业协会的积极作用,按照公开、透明、规范要求,帮助企业规范运行,自我约束,健康发展。

四、组织实施

(一)规范运行

在促进会的统一领导下,项目组和项目工作组根据职责分工,努力推进9个特色优势产业培育工程实施。项目组要根据产业特点组织制定专家库、重点帮扶企业库的建设与管理办法、产业发展培育项目管理办法,包括金融支持、消费帮扶、评估评价等办法,做好项目具体实施工作。

(二)宣传发动

以全媒体宣传为主,充分发挥新媒体优势,不断为特色优势产业培育工程实施营造良好的政策环境、舆论环境、市场环境,让企业家专心生产经营。宣传动员社会各方力量，为特色优势产业培育工程建言献策。

（三）评估评价

发动市场主体进行自我评价，通过第三方调查等办法进行社会评价。特色优势产业培育工程项目组组织有关专家、行业协会、企业代表，对9个特色优势产业发展情况、市场主体进行专项评价。在此基础上，进行评估评价，形成特色优势产业发展年度评价报告。

CONTENTS | 目录

第四章

青稞产业发展重点企业 / 069

第六章

青稞产业发展效益评价 / 109

第七章
青稞产业发展趋势与对策 / 127

绪　论

　　青稞（*Hordeum vulgare var.* Coeleste L.），是大麦的一个变种，是禾本科大麦属的一种禾谷类作物，因其内外颖壳分离，籽粒裸露，故又称裸大麦、元麦、米大麦。青稞在青藏高原具有悠久的栽培历史，距今已有3500年，从物质文化之中延伸到精神文化领域，形成了青藏高原上内涵丰富、极富民族特色的青稞文化。其主要分布在中国西藏、青海及四川的甘孜藏族自治州（下简称甘孜州）和阿坝州藏族羌族自治州（下简称阿坝州）、甘肃的甘南藏族自治州（下简称甘南）、云南的迪庆藏族自治州（下简称迪庆州）等地，由于地势高，群山连绵，不足3%的耕地散布在大约250万平方公里的广袤区域（南北垂直距离1500公里、东西3000公里），使青稞生产天然分隔，大致形成了藏南河谷农区、藏东三江流域农区、藏东南农林交错区、喜马拉雅山南坡秋播区、藏西北荒漠高寒农区、柴达木盆地绿洲农区、青海环湖农业区、青海环藏农牧业区、甘肃天祝藏蒙黄高原交汇农区、青（海）南—甘南—阿坝高原农牧过渡区、甘孜荒漠半干旱农区、迪庆温湿农区等十多个生产区域类型。此外，临近青藏高原的云南丽江、四川凉山州和青海、甘肃接壤的河西走廊一带的军垦农（牧）场也有青稞种植。

　　党中央、国务院一直高度重视地方特色农业产业发展。青稞作为青藏高原最具地域特色和文化内涵的优势作物，具有独特且不可替代的生态和农业战略地位，也是青藏高原藏族人民赖以生存和发展的重要生计来源。青稞富含高营养生理活性成分，极具开发利用价值，在保障涉藏地区粮食安全、实现边疆长治久安等方面发挥了重要作用。同时，青稞作为藏族人民的主要食物和藏族文化的重要载体，对于藏文化的传承具有重要意义。

青稞是保障粮食安全尤其是青稞供给安全、提高农牧民收入的重要作物，是青藏高原的"生命之粮、稳定之粮、致富之粮"。青稞产业在保障区域粮食供应、促进民族团结和边疆地区稳定方面发挥了重要作用，在生态和农业的战略地位独特且不可替代，因而促进青稞产业提质增效是涉藏地区的重大民生问题，具有突出的战略意义。

青稞是农民增收的主要来源和生态保障。由于青藏高原特殊的气候条件，生态环境脆弱，农牧区燃料缺乏，而青稞炒制后即可食用，可有效节省食物加工中的燃料，利于保护植被生态。同时，青稞秸秆是牛羊的重要饲草，青稞籽粒是优质饲料。青稞产业不仅对促进高原畜牧业的发展具有积极作用，而且也间接地保护了高原生态环境。青稞种植区家庭经营性收入的约40%来自青稞。青稞渗透在藏族各种风俗文化与宗教活动中，如在佛龛和神庙里贡奉青稞籽粒、人们在烧藏香时投放一点糌粑，把青稞籽粒放在烧香中烧，以求避邪、度灾等。无论是在保障粮食安全方面，还是在促进高原经济快速发展中，青稞都具有十分重要的地位和作用。

青稞是青藏高原藏族群众集居地区的第一大粮食作物，是种植业生产的支柱，是民生的基础。2023年，全国涉藏地区青稞播种面积约为487.2万亩，占涉藏地区耕地面积近1/3，占涉藏地区粮食播种面积的60%左右，产量达到130万吨左右，加工转化率达到30万吨以上。加工产品主要有青稞糌粑、青稞米、青稞面粉、青稞面条、青稞白酒、青稞啤酒、传统青稞酒、青稞麦片、青稞饼干等。青稞生产的稳定与发展关系到涉藏地区群众的温饱与致富，故而有"青稞增产、粮食丰产，青稞丰收、农民增收"的说法。

青稞具有高蛋白质、高纤维、高维生素、低脂肪、低糖等特点，是"三高两低"的粮食作物。蛋白质含量为8%—18%，平均12%左右，粗脂肪含量2%左右，含有Ca、Fe、Mg、Zn、Cu、Mo等多种矿质元素，富含维生素B和复合维生素。青稞淀粉成分独特，普遍含有74%~78%的支链淀粉，有些品种中支链淀粉甚至达到或接近100%。青稞的总膳食纤维含量达16%，其中不溶性膳食纤维

9.68%，可溶性膳食纤维6.37%，分别是小麦的8倍和15倍。β-葡聚糖的含量为3.66%~8.62%，与燕麦相当，是小麦的50倍，具有突出的降血糖、降血脂、降胆固醇、预防糖尿病和心脑血管类疾病等作用。α-生育三烯酚（雌孕酚）的含量高达0.96~1.73mg/100g，远高于玉米、小麦、黑麦、燕麦等谷类作物。2023年，青稞作为预防或改善高脂血症、糖尿病推荐的食物被写进了国家卫健委发布的《成人高脂血症食养指南（2023年版）》《成人糖尿病食养指南（2023年版）》及《儿童青少年生长迟缓食养指南（2023年版）》，为青稞产业发展提供了新动能。

加快构建高水平的青稞产业体系、全面推进青稞产业高质量发展、坚持和完善青稞产业链是我国实现供给侧结构性改革不可或缺的一环，同时也是贯彻落实习近平新时代中国特色社会主义思想的关键发力点。青稞产业的发展可扩大高品质农产品市场供给，更好地满足人民美好生活需要，是巩固拓展脱贫攻坚成果、全面推进乡村振兴的重要基础，也是支撑涉藏地区粮食安全战略、治边稳藏的重要保障。

了解青稞产业发展的基本面、新动态，全面准确把握产业发展存在的问题，提出产业发展的对策和建议，对全方位推动我国青稞产业高质量发展具有重要意义。中国乡村发展志愿服务促进会高度关注我国青稞产业发展，于2023年发布了《中国青稞产业发展蓝皮书（2022）》，为我国青稞产业发展问诊把脉，并提出了引领产业健康发展的对策和建议。在此基础上，促进会精心策划组织编写《中国青稞产业发展蓝皮书（2023）》，以便更加详尽地展示我国青稞产业发展现状与发展趋势，通过数据和案例记录产业发展进程，旨在系统了解我国青稞产业发展的最新动态，积极探索我国青稞产业健康发展新路径，为推动我国青稞产业高质量发展、助力乡村振兴提供参考。

《中国青稞产业发展蓝皮书（2023）》与2022年度蓝皮书相比，在框架结构上有所调整，共分为七章：第一章，主要从种植、加工、产品营销及品牌建设方面进行了介绍，较全面地反映了我国青稞产业发展的基本情况。第二章，主要从政策环境、技术环境、市场需求和产业优势与劣势等角度介绍我国青稞产

业发展的外部环境。第三章至第五章，从我国青稞产业发展的重点区域、典型
企业、代表性产品等方面阐述青稞产业发展现状，介绍全产业链发展的成果
经验和做法。第六章，从国内行业发展引领、区域经济发展、农民就业增收
和促进科技进步等方面对中国青稞产业发展带来的效益进行系统分析与评
价。第七章，对我国青稞产业存在的主要问题进行剖析，并提出产业发展趋势
与对策。

第一章

青稞产业发展基本情况

青稞作为青藏高原地区的主要粮食作物，早期主要作为口粮来满足藏族群众的食用需求，其加工链条短，产业增值有限。随着经济社会的发展、人们对健康的关注、涉藏地区旅游业的兴起，具有绿色、健康等特点的青稞食、饮品日益受到广大消费者的认可和青睐。青稞加工需求不断增加、加工技术不断提升，青稞产业链也不断延长，产业增值也越来越大，逐步促进了青稞产业发展。

近年来，政府相关部门加快推进青稞种业振兴，加强青稞种子繁育基地、高标准农田建设，保障青稞产量。相关科研单位、企业积极挖掘青稞功效成分，攻克加工技术难题，研发青稞产品，丰富市场上青稞产品种类，提高青稞附加值。各地政府与相关企业不断加强青稞相关产品品牌建设，增加青稞产品影响力，扩大青稞市场营销模式，带动青稞产品的销售。青稞产业链的持续延伸增加了青稞产业的产值和经济效益，促进了我国青稞产业的高质量发展，带动了地方经济发展，保障了粮食安全，有助于乡村振兴落实落地。

第一节　种植情况

一、青稞种植情况

（一）种植规模与区域分布

我国青稞的种植范围包括位于青藏高原地区的西藏自治区全区和青海、四川、甘肃、云南四省涉藏地区，共20个地、州、市，海拔高度从1400米到4700多米不等。目前，青稞种植主体仍以小规模农户为主，大规模合作化经营不多。2023年，全国涉藏地区青稞播种面积487.20万亩左右，占耕地面积近1/3，占粮食播种面积60%左右，年产量130万吨左右。

西藏自治区的青稞常年种植面积保持在200万亩以上，是全国最大的青稞集中种植区，其主要种植区分布于日喀则、昌都、拉萨、山南等地市，其中日喀则和昌都种植面积占西藏自治区的2/3以上，产量也占总产量的2/3以上；拉萨和山南种植面积占西藏自治区的1/4左右,平均单产378.51千克/亩。

青海省青稞生产面积仅次于西藏自治区,常年播种面积约140万亩,产量26万吨左右,分别占全省粮食总播面积和总产量的26%和22%,平均单产189.55千克/亩。主产区主要分布在海南、海北、玉树藏族自治州和海西蒙古族藏族自治州。

四川省青稞播种面积约75万亩,其中甘孜州播种面积49万亩左右,平均单产约200千克/亩。甘肃省种植面积达35万余亩,平均单产约158.5千克/亩,主要种植在甘南州、天祝藏族自治县、山丹县山丹军马场及沿祁连山高海拔地区。云南省种植面积约14.5万亩,其中迪庆约7.2万亩,总产量1.29万吨,平均单产约194.57千克/亩,占全年粮食作物总播种植面积的10.2%,占全年粮食作物总产量的7.57%。

2016—2023年西藏、青海青稞种植面积、总产量变化如图1-1所示。

图1-1　2016—2023年西藏、青海青稞种植面积、总产量变化

注:数据来源于两省统计年鉴/国民经济和社会发展统计公报。

(二)种植结构

我国青稞种植面积中春青稞占约95%以上,冬青稞的种植面积不足5%。其中,西藏自治区青稞种植面积占青稞种植总面积的45%左右,主要种植春青稞;冬青稞种植面积不足3%,主要分布在林芝和昌都等地。青稞在西藏自治区的种植历史悠久,品种类型有70多个。2023年,西藏自治区主推的青稞品种包括藏青2000、喜玛拉22、冬青18、藏青3000，同时兼顾藏青320、山青9号、苏拉青2号和黑青稞等品种。青海省青稞种植面积占青稞种植总面积的29%左右，青海育成的主推品种有高产粮用品种昆仑15号，粮草双高品种昆仑14号、北青9号，加工专用品种昆仑17号等。四川省青稞种植面积约占青稞种植总面积的16%，主推品种为康青7号、康青9号、黑六棱等。甘肃省和云南省的青稞种植面积的占比为10%左右，在甘肃省青稞种植区域中，甘南州种植品种主要为甘青4号、甘青6号、甘青8号、甘青9号等，其中自主选育品种甘青及黄青系列播种面积25.5万亩，占比达到90%以上；天祝藏族自治县主要种植品种为北青4号、昆仑14号、陇青1号等；山丹县种植品种主要为陇青1号。云南迪庆主要种植品种为云青2号、迪青3号、迪青6号等。

二、市场收购与成本收益情况

（一）市场收购情况

地方政府针对青稞种植区域出台秋粮收购政策，限定最低收购价格，指导粮食收购，稳定市场供应。如拉萨市出台了2023年秋粮收购政策，指导和监督市场粮食价格。一般情况下市场售价都略高于政府的保护定价，西藏自治区青稞价格为5.00—7.00元/千克；青海省青稞收购价为4.00—7.60元/千克；云南迪庆青稞收购价格为4.00—5.00元/千克，而对于蓝青稞、紫青稞、黑青稞等特殊品种，价格相对会更高；四川甘孜白青稞收购价约4.00元/千克。

（二）成本收益情况

目前，青稞种植主体仍以小规模农户为主，大规模合作化经营较少。由于地理、地质和地块等原因，种植区域的土壤肥力不高，耕种收综合机械化普及率低，需要投入大量的人力、物力等，导致投入成本增加。随着青稞种植全过程机械化技术的应用，劳动投入和生产资料投入部分减少。目前，人工成本约400元/亩，生产资料成本大约300元/亩，单产为150—430千克/亩，单价在3.00—7.00元/千克，还有饲草料等副产物，总收入为600—6000元/亩。但各地区的生产投入、产量和价格各有不同，具体收益需要根据实际情况计算。

三、青稞种植现代化进程

（一）品种选育与更新换代情况

青稞要高产，品种是关键。我国青稞的育种基本以常规杂交育种为主，现在大规模示范推广种植的青稞品种基本都是通过杂交育种得来的。例如，西藏自治区选育的藏青系列如藏青2000、喜玛拉系列如喜玛拉22号，青海选育的昆仑系列如昆仑14，甘肃选育的甘青系列如甘青8号，四川选育的康青系列如康青7号等绝大多数的青稞品种都是杂交选育而成。

但也有一些科研院所会利用其他先进育种技术进行育种，如上海市农科院的小孢子育种技术就比较成熟，其与甘肃省农科院、甘南州农科所合作成功培育出陇青2号、陇青3号等青稞新品种。其他育种方法如分子标记辅助育种、全基因选择、分子设计育种等前沿育种技术在青稞品种选育上应用较少，目前只停留在实验室基础研究上，这些前沿的育种技术还处于探索阶段。

青稞的新品种选育和更新换代步伐也在不断加快。西藏自治区大力推广种植喜玛拉22号和藏青2000等青稞良种，青稞良种覆盖率达到92.1%。青海大面积种植昆仑14和昆仑15等，青稞良种覆盖率达到96%。甘肃主要种植甘青系列如甘青4号、甘青8号等，也有北青4号、陇青1号等，青稞良种覆盖率达到97%。根据目前高产、早熟、抗倒伏、加工品质等需求，各地也不断选育出新的青稞品种，如西藏藏青系列藏青3000、藏青16、藏青17、藏青18、藏青19、藏青20等，已经在西藏自治区进行示范推广种植；甘肃选育的甘青系列新品种如甘青10号、甘青11号等，陇青系列如陇青2号、陇青3号等；青海选育的北青系列如北青11号、北青12号、北青13号和昆仑19号，都已获得新品种认定或登记，加快了青稞品种的更新换代。各地陆续建立了原原种繁育基地、原种繁育基地和良种繁育基地，提高良种覆盖率，保障品种纯度，促进青稞良种繁育的标准化、规模化。

（二）高标准农田建设情况

我国正处于从传统农业向现代农业过渡的关键时期，要实现保障粮食等主要农产品有效供给的目标，迫切需要下大力气改造中低产田、建设旱涝保收高标准农田。关于青稞的高标准农田建设正在进行中。其中，西藏自治区已累计建成高标准农田433万亩，占到2025年建设任务446万亩的97.09%。2023年续建和新建高标准农田67.4万亩。通过实施高标准农田建设，粮田变良田，亩产可以增加10%以上。青海全省已建成高标准农田460多万亩，为粮食产量连续15年稳定在100万吨以上作出重要贡献。甘肃省已建成高标准农田330多万亩，为全省粮食产量提供了坚实支撑。2022年，四川全省各级财政部门共投入资金146.42亿元，支持建成高标准农田487.16万亩、高效节水灌溉面积53.97万亩，粮食产量达到702亿斤。

（三）绿色高产高效栽培模式与技术

绿色高产高效栽培技术可有效减少化学农药用量，按照"绿色植保"理念，采用农业防治、物理防治、生物防治、生态调控以及科学、合理、安全使用农药的技术，在有效控制青稞田间病虫害的同时，确保农作物生产安全、农产品质量安全和农业生态环境安全，实现增产、增收；生物防控与精准高效施药相结合，提高青稞产量，促进青稞生产向绿色高效方向转型，为发展绿色高效农业奠定重要基础。青稞主要种植区域在青藏高原，由于环境条件恶劣和资源承载能力脆弱，青稞的绿色高产高效栽培技术推广至关重要。通过过程管理、高效栽培，可以改善农田环境，节约资源，提高产量。青稞绿色高产高效栽培技术是青稞产区农业绿色可持续发展的核心，有利于促进当地农业的可持续、绿色发展。

青稞绿色高产高效栽培的重要措施之一为轮作倒茬，青稞种植应尽量避免连作重茬，优良前茬为玉米、甜菜、油菜、马铃薯、向日葵及豆类、瓜类等中耕作物。前茬作物收获后应及时深耕平整土地，充分熟化土壤，提供深、细、平、实的土壤环境，施用底肥选择高温堆肥后的农家肥或商品有机肥；选择颗粒饱满、均匀一致的包衣种子，适期播种，合理密植。种植全过程中合理施肥、合理灌水，科学控制农药用量、病虫草害综合绿色防治、防止倒伏。适时收获、机械收割、充分晾晒、除杂入库。目前，青稞主产区一般选择优质种子、拌种包衣,采用测土配方施肥、推广施用有机肥,加强绿色病虫草害综合防治、科学控制农药用量,机械耕播收等。

（四）机械化情况

青稞主要种植在少平地,多山地、沟地、坡地、沙石土地地区,全程实施机械化较困难,所以机械化生产普及率较低,农牧交错的地区更甚。2023年,西藏自治区主要粮食作物（青稞）耕种收综合机械化率达到71.7%,青海机械化率较高的地区已达92%以上,甘肃青稞生产综合机械化率达到85%以上,四川、云南青稞耕种收综合机械化率达到45%以上。随着政府部门的大力支持,青稞种植经营规模的不断扩大,专业合作社的形成,农技人员的不断攻关与创新,产业结构的调整,青稞全程机械化已开始应用,主要涉及良种精选、整地、播种、病虫害防治、收获等,形成了不同种植区域、不同地块适用不同的农机具,在河谷、平原地带以中型机械为主,山地以小型微耕机、小型人工播种机、小型割倒、晾晒机和脱粒机为主的局面。

根据青稞种植的实际状况,提高青稞全过程综合机械化率需从以下方面进行改进:一是品种选育,选育抗倒伏、适宜机械化收获的青稞新品种;二是改进现有稻谷、小麦生产的机械以适应青稞生产机械化;三是设计新型的适用于青稞播种、病虫害防治、收获等全过程的机械。青稞种植全过程机械化,播种机播种、无人机施肥、割晒打捆机、收割机或大型联合收割机等机械的应用,不仅可以降低劳动强度、省时、省力、节约成本,还提高了青稞生产效率。

第二节　加工情况

一、青稞加工基本情况

（一）总加工量与产业支撑情况

青稞加工利用的形式主要包括种子、青稞米、青稞粉、糌粑、酿酒、精饲料及其他食品加工等,目前青稞精深加工规模达到30万吨以上,青稞主产区西藏和青海是青稞产业化加工转化做得较好的省区。2023年，西藏自治区青稞年总产量84万吨左右，青稞年加工转化量为14.98万吨，加工转化率为18%以上，产值超过14亿元；青海青稞年总产23万吨左右，加工转化量约10万吨，加工转化率为43%左右。

青稞产业兴旺对于涉藏地区实施乡村振兴战略意义重大。某种程度上，青稞产业成为西藏自治区农牧民群众的重要就业渠道，是农区家庭经营性收入的重要来源。相关部门引导农户以土地为纽带，通过向合作社、公司以土地入股等方式，将青稞产业向农村纵深延伸，并带动实地就业。产业发展产生收益后，公司、合作社、农户折股量化、按股分红，让农户获得更多的一二三产业发展带来的增值。通过技能培训、岗位开发、入股分红、产业壮大、消费帮扶等联结方式，促进群众稳定增收，提升群众发展致富能力。

优化青稞产业布局，培育新型农业经营主体。规模化新型农业经营主体是农业现代化的引领力量，发展多种形式的适度规模经营，支持符合条件的青稞种植大户创办家庭农场，并深入开展新型农业经营主体、新型职业农民培训，培养一批懂技术、会经营、善管理的产业发展带头人。如西藏春光食品公司以发展西藏地区地域特色为重点，以公司发展带动农民致富、实现双赢为根本，将散户经营者变为集约经营，将原来局限于一家一户生产的散户集中起来，建设标准化青稞种植基地，对种植基地和农户实行科学种植管理，为农户提供相关信息、开展采购生产、引进新品种、组织技术辅导和培训，为农户解除后顾之忧，组成了"公司+专业基地+农户"的经济共同体，直接带动农户1000余户，间接带动农户4000余户，每户增收9500余元。解决当地21名农牧民就业问题，提供季节性农牧民就业岗位27个，农牧民平均月工资为2500元。四川甘孜县格萨尔青稞文化园2023年收购青稞1300吨，实现群众增收近600万元，生产销售青稞产品近1400万元，惠及全县179个行政村8490户农户。

（二）产品类型结构

青稞是酿造工业、饲料加工业、食品加工业的重要原料，现阶段青稞相关产品主要是初加工产品，产品类型主要有青稞主食类如青稞米、青稞粉，青稞饮品类如青稞酒，青稞方便食品如青稞饼干，青稞功能类产品如青稞低GI饼干。市场上流通的青稞相关产品品类虽不少，但产品同质化程度高、替代性强、竞争激烈，针对青稞副产物、青稞功效成分等高附加值的健康产品生产加工较少。

从青稞加工产业发展现状看，西藏和青海是青稞产业化加工转化做得较好的省区，但还存在一些问题。例如，企业加工方式简单、管理粗放、产业链条较短、产品种类少、缺少高附加值产品，青稞产品销售市场规模有限。随着政府、企业等各方对青稞的大力宣传及居民生活水平的提高和膳食结构的改善，市场对营养健康、绿色有机青稞原料的需求空间增大，研发青稞副产物相关产品、青稞保健功能与食品医药等高附加值产品，更加受到人们的青睐。因此，加速专用型、特殊品质型、营养健康型等优质青稞产品产业化经营，延长并完善全产业链，能够不断提升和激发青稞产品兼具型企业的市场竞争力与发展活力，进一步促进区域特色产业融合。

二、加工企业现状

（一）数量、结构

青稞加工主体以家庭、个体作坊和小型企业为主，大型龙头企业较少。2023年，全国青稞食品加工企业近200家。西藏全区青稞加工企业53家，其中以青稞加工为主的市级以上农牧业产业化重点龙头企业37家；青海主要青稞加工企业58家，其中规模以上企业30家。甘肃省甘南州、天祝藏族自治县、山丹县共有青稞产品加工企业或合作社60余家，规模化青稞加工企业10余家。四川省甘孜州青稞加工企业17家，已成功培育省级龙头企业2家、农民专业合作社77家。云南省青稞加工企业10余家。

受青稞原料和运输条件等因素影响，青稞产品生产企业主要集中在西藏自治区、青海、甘肃、四川、云南等地。青稞粉（青稞糌粑）和青稞米的大规模生产企业集中在西藏自治区和青海，如西藏奇正青稞健康科技有限公司每年需要消耗1000吨以上青稞原料，主要生产青稞米、青稞粉、青稞饼干和青稞挂面等产品；西藏春光食品有限公司每年需要消耗560吨以上青稞原料，主要生产青稞粉、青稞米和青稞面包等休闲食品；西藏德琴阳光庄园有限公司每年需要消耗200多吨青稞原料，主要生产青稞米和青稞粉。青稞酒的生产企业主要分布在西藏、青海、甘肃、四川和云南，生产规模较大的青稞酒生产企业如青海互助青稞酒股份有限公司年消耗青稞上万吨，主要生产青稞白酒；西藏藏缘青稞酒业有限公司年消耗青稞6000吨，主要生产传统青稞酒、藏窖坊系列青稞白酒、虫草青稞酒、藏红花青稞酒、青稞精粮等青稞酒系列产品；西藏桑旦岗青稞酒业有限责任公司年消耗青稞1300吨，主要生产传统青稞酒。以四川米老头食品工业集团股份有限公司为代表生产的休闲食品，青稞年加工量300吨，主要生产青稞米饼和青稞米棒。青稞麻花、青稞方便面等休闲食品，青稞功能食品等产品当地也有少量生产，部分企业以委托方式在重庆、江苏、浙江、山东、河南等地进行生产。

（二）经营模式

青稞产业商业化运作的主要特点是产供销分离，缺乏产供销一体化实体。青稞的种植者主要是农户，而加工和销售实体主要是从事青稞加工的企业。经营模式大体分为三种。

1.“企业＋农户”模式

“企业+农户”模式在青稞加工模式中比较常见，该模式一般由企业从农户手中直接取得土地使用权或承包农户的土地使用权，建立一体化基地，实现农、工、商一体化经营，可抵御市场风险，克服种植规模小而散等弊端，也可以实现青稞加工企业所需原料集中种植，有利于保证加工原料的品质。

2.“企业＋政府＋农户”模式

企业是市场的主体。针对一些县区资源禀赋差、经营主体少、产业扶贫难的问题，由政府牵头与青稞加工企业对接，将部分县区的产业资金嫁接到已经发展成型、取得较好经济效益的加工企业。企业所需的加工原料优先从对接县区农户收购，在收购过程中所需的人力及运输工具等都充分利用当地资源，从而增加农户收入。

3."企业 + 科研机构 + 政府 + 基地"模式

随着青稞加工业的快速发展及企业对科研、加工原料及销售重视度的提高,部分青稞加工企业采用了"企业+科研机构+政府+基地"模式进行生产经营,如西藏德琴阳光庄园有限公司。在政府推动下,企业在部分青稞主要产区建立青稞原料生产基地,农户则按照企业要求进行种植,或由企业统一种植。产品研发上与区内外科研机构建立合作机制,而政府进一步引导、搭台,助力企业参加国内大型产品展销等,强化推广和销售。该模式有机整合了青稞原料种植、加工、新产品研制及销售的完整环节,有利于发挥各机构优势资源,推动青稞产业化高效发展。

三、青稞加工业现代化进程

(一)加工技术

挖掘青稞在食品加工利用方面的价值,对于发展青藏高原特色农业、高效农业和农产品加工业意义深远。现代食品的加工,既要确保无污染的加工条件,又必须使加工过程中对食品营养成分的破坏降至最低水平,这对食品加工技术提出了越来越高的要求。在青藏高原特殊的生态环境下,青稞食品的加工需要从原料选择、加工条件、加工方式、存储和运输等多个方面考虑,食品加工新技术非常适用于青稞产品的加工。根据目前市场上销售的青稞产品类型,有青稞粉的制粉技术(干法和湿法)、青稞酒的蒸馏和非蒸馏技术、青稞休闲食品的挤压膨化技术、青稞副产物产品综合利用的超声辅助提取技术等。同时,很多现代食品加工新技术的应用,如超微粉碎技术、膜分离技术、微胶囊技术等,需要在实际生产中根据原料特性、加工条件、产品类型等选择合适的加工技术。

加工技术是青稞营养食品创制的关键,常见的青稞加工技术包括烘干、蒸煮等,这些技术可以使青稞中的营养成分得到更好的保留和提取。此外,根据不同人群的营养需求,通过合理营养的配餐、生产过程中的食品安全与质量控制及基因工程、酶工程、发酵工程等现代生物工程技术的应用,充分保留青稞的营养成分，使青稞营养食品的营养成分更加全面、均衡并满足个性化需求。保鲜技术也是青稞营养食品创制中不可忽视的环节，保鲜技术可以有效延长青稞营养食品的保质期，保证其营养成分不受损失。常见的保鲜技术包括真空包装、冷冻、干燥等。总而言之，青稞产品研发及生产过程中，加工技术至关重要。

（二）产品研发情况

目前，市场上已有很多青稞食品，如青稞米（精米、水晶米）、青稞粉（糌粑、青稞精粉、青稞自发粉、青稞营养粉）、青稞面条（挂面、干脆面、方便面）、青稞面包、青稞馒头（花卷）等主食类，青稞年糕、青稞麦片、青稞饼干、青稞糕点等休闲方便食品类，青稞茶、青稞露、青稞八宝粥、青稞汁、青稞麦芽汁、传统青稞酒、青稞啤酒、青稞白酒等酒品饮料类，青稞复配冲调粉、青稞麦绿素、青稞能量棒等营养功效类。虽然市场上的青稞相关产品较多，但产品较单一，同类化、同质化程度较高，竞争较为激烈，而青稞高附加值的健康产品研发、生产、销售较少，青稞籽粒没有得到充分研究和利用。随着人们生活水平不断提高、饮食结构不断调整、各种慢性疾病的年轻化、人们对健康意识的提高，科研人员的不断努力，加大了青稞副产物、青稞功效成分等的研究和相关产品的开发力度，充分挖掘青稞价值，提高青稞产品的附加值，促进青稞产业大力发展。

以青稞为原料，开发保障血糖健康产品的相关研究报道也不断出现。2019年，中粮集团开发了一款以黑青稞为主要原料的青稞挂面，该产品血糖生成指数（GI）为46，并成功上市销售。在各网络销售平台上也有很多种青稞饼干、青稞全麦饼干、青稞高纤饼干、青稞低GI饼干等相关青稞饼干产品的销售，宣传有较低的GI值，能有效控制餐后血糖。2021年以来，西藏奇正青稞健康科技有限公司的青稞脆片、青稞米饭、青稞珍珠米、青稞黄精米饭、青稞米、低GI青稞无糖饼干6个产品获得了低GI食品认证，并在市场上进行销售。相关青稞全麦面包产品也有销售，并具备一定的餐后血糖控制能力，西藏自治区农牧科学院农产品开发与食品科学所成功研发了一款青稞低GI面包，经人体实验，测得GI

值为52，该产品的风味、质地、纹理等品质得到测试者一致好评，正在与相关企业对接合作，将产品推向市场。鉴于青稞在辅助降血糖领域的巨大潜力，越来越多的功能性食品已将青稞作为原料开展各种新型食品的研制和开发，青稞冲调粉等全谷物产品、青稞谷物饮料和发酵型青稞谷物饮料等青稞饮料产品的涌现，充分利用青稞全籽粒，满足不同功能食品消费需求，有效提高了青稞价值。

青稞麸皮是青稞产品加工中主要的副产物，占青稞质量的20%，是开发高纤维功能食品的物质基础。以青稞嫩叶粉和麦绿素为原辅料可制作营养复配粉、面条、糕点、饼干、米线、面包等特色产品，不仅丰富了产品的品类，还可改善风味，提高感官品质，并增强产品的营养，赋予其功效作用。青稞膳食纤维是研发植物基饮料的优质原料，也是保健休闲产品的良好原料，可作为辅料添加到酸奶、牛奶、豆奶以及固体饮料中，制作高品质的饮品，还可以添加到糖果中，研发新型功能性糖果；此外还可以研发出高青稞膳食纤维的其他产品，如代餐粉、饮料、饼干等新型食品。

整体而言，青稞副产物综合利用程度低，但青稞富含β-葡聚糖、γ-氨基丁酸、多酚、多糖、花青素等多种有效功能成分，且已有报道其功效成分的提取制备技术。然而，市场上相关类型产品还较少，标准也较为缺乏，生产流程、工艺还不够明确，还需加大研究力度，推进青稞精深加工，实现对青稞副产物的充分利用，开发出更多富含β-葡聚糖、多酚等功能因了，满足不同消费群体需求的功能产品，提高青稞产品的附加值，推动青稞产业发展。

（三）设备现代化自动化情况

农产品加工机械自动化可大幅度提高生产的效率和精度，降低生产成本，节约资源，提高农产品品质和安全生产。青稞独特的功能性营养成分可用于食品类产品生产原材料，秸秆及麸皮等副产物可作为畜禽饲料。从事青稞相关生产加工的企业、合作社等基本都在当地，技术落后、人员缺少、设施设备有待改善。有一定规模的生产企业基本实现了工业化生产或部分操作步骤半自动化生产，但农村合作社、小型作坊和家庭作坊等小型加工厂，只有部分工业化。青稞产业发展还需加快推进先进、自动化现代设备的应用。

第三节　营销情况

一、销售情况

（一）销售量

随着人们生活水平的提高、膳食结构的改善、对健康饮食的重视以及涉藏地区旅游业的发展和青稞产品的广泛宣传，以青稞为主要原料的绿色健康食、饮品越来越受到人们的青睐，市场对营养健康、绿色有机青稞原料的需求空间增大。生产和销售规模较大的青稞产品主要有青稞粉、青稞米和青稞酒，其他青稞产品生产销售规模较小。青稞粉行业已经发展成为一个规模较大的产业，市场主要分布在西藏自治区、青海、四川、云南等省区，此外，青稞粉的市场需求也在不断增加，在全国范围内的销售也逐渐扩大。青稞米营养丰富，符合现代人们对健康饮食的需求，市场规模不断扩大，在全国范围内都有销售。藏族人民饮用青稞酒的历史源远流长，主要有传统青稞酒、青稞白酒和青稞啤酒。传统青稞酒生产、销售主要在涉藏地区，著名品牌有喜孜青稞酒和喜充江孜青稞酒。青稞白酒的生产、销售范围较广，全国有青稞白酒生产企业上千家，白酒的品类和品牌也很多，著名的有青海互助的天佑德和西藏藏缘的青稞白酒等，市场前景广阔。

（二）销售价格

不同的产品类型，销售价格各不相同，市场上的青稞产品价格波动比较明显，不同品类、不同包装、不同规格，价格相差较大。如青稞米的市售价格在11.52—118.4元/千克，相差较大，涉藏地区各地的青稞原料价格、用工等成本不同，品质、包装也各不相同，导致价格差异较大。青稞相关的产品也没有统一的标准，市场上的产品质量、青稞用量等也参差不齐，急需出台相关产品生产标准规范，规范产品生产操作规程，推动青稞产品的标准化加工，促进市场价格稳定。部分青稞产品市场价格见表1-1。

表1-1　部分青稞产品市场价格

序号	产品名称	价格区间
1	青稞米	11.52—118.4元/千克
2	青稞粉	4.5—110.88元/千克
3	青稞酒	5.99—25元/瓶
4	青稞白酒	16.82—1498元/瓶
5	青稞啤酒	2.56—7.36元/瓶
6	青稞挂面	7.45—43.56元/袋
7	青稞饼干	9.9—113.05元/盒
8	青稞麦片	30.67—227.13元/千克

注：各产品价格来源于2023—2024年4月京东、淘宝标价。

（三）销售渠道

市场上销售的青稞产品有几大类，销售渠道也各有不同。青稞的主食产品如青稞米、青稞粉、糌粑等的销售主要包括订单销售、厂家直销、批发和零售等多种模式。青稞方便休闲食品等的销售模式有品牌加盟、直营店、电商平台等多种形式。除了传统实体店，借助电商平台、扶贫特色农产品集中采购等多种销售方式也大大增加了青稞产品的销量和范围。

商超入驻、电商销售、直播带货等多样化、现代化的流通体系为产品销售提供了新的模式。同时可根据不同消费群体多元化、多层次的需求，采用不同的营销方式。例如，利用抖音、快手、产品展示会和推介活动等加大产品的宣传力度，通过京东、淘宝等电商平台、网络直播带货、社群营销等方式促进产品的销售和流通，利用政策补贴叠加商家优惠等方式提高产品的市场份额。

此外，"农事+旅游"也是促进二三产业融合发展的一种重要方式。结合青稞传统农产品和现代加工产品展示，打造集"农业观光、休闲度假、农耕体验"为一体的青稞节庆品牌，将带动农业、旅游业、服务业深度融合，实现经济效益与社会效益双丰收。随着对外开放力度的不断加大，结合涉藏地区边境优势，青稞外贸将成为青稞产业的另一个增长点。

二、品牌建设

（一）绿色、有机、地理标志产品认定情况

"三品一标"（达标合格农产品、绿色食品、有机食品和农产品地理标志）是政府主导的安全优质农产品公共品牌，推进农产品"三品一标"认证和品牌打造，是助力乡村振兴的重要举措，是提升农产品竞争力的重要途径，能够加速农业产业化进程，有效促进农民增收致富。

2023年，根据《国家知识产权局办公室关于确定第二批地理标志运用促进重点联系指导名录的通知》（国知办发运字〔2023〕44号）文件内容，西藏自治区隆子黑青稞糌粑、青海省互助青稞酒成功入选国家第二批地理标志运用促进重点联系指导名录。截至目前，西藏自治区、青海、四川、云南、甘肃等地青稞地理标志产品主要有隆子黑青稞、古荣糌粑、乃东青稞、察雅黑青稞、洛隆糌粑、隆子黑青稞糌粑、同仁青稞、玉树黑青稞、门源青稞、互助青稞酒、库泽黑青稞、甘孜青稞、香格里拉青稞。

为充分发挥认定基地的示范带头作用，涉藏地区深入推进品种培优、品质提升、品牌打造和标准化生产，在前期获批的西藏自治区隆子县热荣乡等黑青稞"三品一标"基地、青海省共和县塘格木镇青稞良种"三品一标"基地的基础上，西藏自治区昌都市丁青县觉恩乡小蓝青稞标准化基地、青海玉树州囊谦县吉曲乡黑青稞基地于2023年被认定为第二批全国种植业"三品一标"基地。此外，2023年，西藏自治区成功创建了"西藏自治区曲水县全国有机农产品（青稞、油菜籽等）基地"，西藏自治区山南市乃东区绿色食品青稞原料基地的青稞顺利通过验收，基地青稞种植面积达5万亩，产量达1.88万吨，成为西藏首个全国绿色食品原料基地。

（二）标准化建设情况

青稞产业标准化建设需从原料、加工、包装及贮运整个过程的关键控制

点，构建产品规范生产操作规程，推动青稞产品的标准化加工，形成全面的品
质控制体系，使产品质量体系更加健全。据统计，青稞行业现行标准共计135
项，其中国家标准2项，行业标准2项，地方标准46项，团体标准20项，企业标准
65项。2023年颁布实施13项，其中行业标准2项，地方标准7项，团体标准4项。
通过规范生产标准和流程，可以进一步确保青稞生产加工企业产品的安全性、
健康性、可靠性，进一步提高企业生产效率及效益。我国青稞相关产品标准统
计见表1-2。

表1-2　我国青稞相关产品标准统计

序号	标准（规范）名称	标准号	标准类别（国标/行标/地标/团标）	发布/执行时间	颁布单位
1	地理标志产品互助青稞酒	GB/T 19331-2007	国标	2007.9.19/2008.5.1	国家质量监督检验检疫总局，国家标准化管理委员会
2	青稞	GB/T 11760-2021	国标	2021.3.9/2021.10.1	国家市场监督管理总局
3	青稞栽培技术规程	NY/T 4176-2022	行标	2022.11.11/2023.3.1	农业农村部
4	糌粑生产技术规范	NY/T 4275-2023	行标	2023.2.17/2023.6.1	农业农村部
5	食品安全地方标准青稞米	DBS63/0006-2021	地标	2021.3.22/2021.6.21	青海省卫生健康委员会
6	食品安全地方标准青稞酒	DBS63/0002-2021	地标	2021.1.29/2021.4.30	青海省卫生健康委员会
7	食品安全地方标准青稞酩馏酒	DBS63/0003-2021	地标	2021.1.29/2021.4.30	青海省卫生健康委员会
8	食品安全地方标准青稞面粉	DBS63/0005-2022	地标	2022.4.27/2022.7.27	青海省卫生健康委员会
9	青稞良种繁殖技术规范	DB63/T 1830-2020	地标	2020.12.12/2020.12.31	青海省市场监督管理局
10	青稞原种繁殖技术规范	DB63/T 1831-2020	地标	2020.11.12/2020.12.31	青海省市场监督管理局
11	食品安全地方标准青稞麦片	DBS63/0005-2023	地标	2023.11.23/2024.2.23	青海省卫生健康委员会
12	克旗青稞原粮质量要求	DB15/T 2752-2022	地标	2022.8.15/2022.9.15	内蒙古自治区市场监督管理局

续表

序号	标准（规范）名称	标准号	标准类别（国标/行标/地标/团标）	发布/执行时间	颁布单位
13	食品安全地方标准青稞米	DBS54/2005–2022	地标	2022.8.4/2023.2.5	西藏自治区卫生健康委员会
14	克旗青稞产地环境要求	DB15/T2749–2022	地标	2022.8.15/2022.9.15	内蒙古自治区市场监督管理局
15	克旗青稞蒸馏酒生产技术规范	DB15/T2754–2022	地标	2022.8.15/2022.9.15	内蒙古自治区市场监督管理局
16	食品安全地方标准青稞挂面	DBS63/0004–2023	地标	2023.11.23/2024.2.23	青海省卫生健康委员会
17	食品安全地方标准青稞香型白酒	DBS63/0002–2023	地标	2023.7.28/2023.10.28	青海省卫生健康委员会
18	克旗青稞种子生产技术规程	DB15/T2751–2022	地标	2022.8.15/2022.9.15	内蒙古自治区市场监督管理局
19	青稞产业标准体系	DB63/T2097–2023	地标	2023.2.9/2023.3.1	青海省市场监督管理局
20	克旗青稞栽培技术规程	DB15/T2750–2022	地标	2022.8.15/2022.9.15	内蒙古自治区市场监督管理局
21	克旗青稞蒸馏酒原料质量要求	DB15/T2753–2022	地标	2022.8.15/2022.9.15	内蒙古自治区市场监督管理局
22	青稞抗旱性评价技术规范	DB63/T1883–2020	地标	2020.12.9/2021.1.1	青海省市场监督管理局
23	青稞抗倒伏评价技术规范	DB63/T1881–2020	地标	2020.12.9/2021.1.1	青海省市场监督管理局
24	青稞抗条纹病评价技术规范	DB63/T1882–2020	地标	2020.12.9/2021.1.1	青海省市场监督管理局
25	青稞品种抗旱性鉴定评价技术规范	DB62/T4799–2023	地标	2023.9.20/2023.10.20	甘肃省市场监督管理局
26	青稞青饲化利用栽培与评价技术规程	DB63/T2164–2023	地标	2023.8.28/2023.10.1	青海省市场监督管理局
27	青稞高产优质高效栽培技术规范	DB63/T1812–2020	地标	2020.8.11/2020.9.1	青海省市场监督管理局
28	青稞昆仑16号栽培技术规范	DB63/T1818–2020	地标	2020.8.11/2020.9.1	青海省市场监督管理局
29	青稞豌豆混作栽培技术规范	DB63/T1817–2020	地标	2020.8.11/2020.9.1	青海省市场监督管理局
30	青稞蚕豆轮作耕作技术规范	DB63/T1816–2020	地标	2020.8.11/2020.9.1	青海省市场监督管理局

续表

序号	标准（规范）名称	标准号	标准类别（国标/行标/地标/团标）	发布/执行时间	颁布单位
31	青稞昆仑14号丰产栽培技术规范	DB63/T 1536-2020	地标	2020.8.11/ 2020.9.1	青海省市场监督管理局
32	青稞粮苗草三用栽培技术规范	DB63/T 1814-2020	地标	2020.8.11/ 2020.9.1	青海省市场监督管理局
33	青稞套（复）种豆科牧草高效栽培技术规范	DB63/T 1811-2020	地标	2020.8.11/ 2020.9.1	青海省市场监督管理局
34	青稞昆仑15号丰产栽培技术规范	DB63/T 1537-2020	地标	2020.8.11/ 2020.9.1	青海省市场监督管理局
35	青稞豆科牧草混作栽培技术规范	DB63/T 1815-2020	地标	2020.8.11/ 2020.9.1	青海省市场监督管理局
36	青稞昆仑17号栽培技术规范	DB63/T 1819-2020	地标	2020.8.11/ 2020.9.1	青海省市场监督管理局
37	青稞种子产地检疫规程	DB63/T 1942-2021	地标	2021.8.18/ 2021.9.20	青海省市场监督管理局
38	青稞全程机械化生产技术规程	DB51/T 2883-2022	地标	2022.5.20/ 2022.7.1	四川省市场监督管理局
39	青稞种子纯度SNP分子标记鉴定技术规程	DB63/T 1908-2021	地标	2021.5.20/ 2021.6.20	青海省市场监督管理局
40	青稞有机肥替代化肥栽培技术规范	DB63/T 1960-2021	地标	2021.10.28/ 2022.1.1	青海省市场监督管理局
41	地理标志产品隆子黑青稞	DB54/T 0115-2017	地标	2017.2.15/ 2017.3.14	西藏自治区质量技术监督局
42	地理标志产品隆子黑青稞糌粑	DB54/T 0128-2017	地标	2017.8.21/ 2017.9.20	西藏自治区质量技术监督局
43	青稞原种生产技术操作规程	DB54/T 0076-2014	地标	2014.6.27/ 2014.7.1	西藏自治区质量技术监督局
44	青稞酒良好生产规范	DB54/T 0116-2017	地标	2017.2.15/ 2017.3.14	西藏自治区质量技术监督局
45	绿色食品 青稞生产技术规程	DB63/T 923-2019	地标	2019.6.19/ 2019.9.1	青海省市场监督管理局
46	青稞黑穗病检疫鉴定方法	DB51/T 1793-2014	地标	2014.7.25/ 2014.9.1	四川省质量技术监督局
47	食品安全地方标准 糌粑	DBS54/ 2002-2017	地标	2017.6.10/ 2017.11.10	西藏自治区卫生和计划生育委员会

序号	标准（规范）名称	标准号	标准类别（国标/行标/地标/团标）	发布/执行时间	颁布单位
48	糌粑加工技术规程	DB54/T 0046—2019	地标	2019.10.9/ 2019.12.9	西藏自治区市场监督管理局
49	糌粑	DB54/ 0029—2009	地标	2009.2.2/ 2009.3.3	西藏自治区质量技术监督局
50	地理标志产品 古荣糌粑	DB54/T 0120—2017	地标	2017.7.8/ 2017.8.7	西藏自治区质量技术监督局
51	江孜青稞糌粑	T/JZNM 003—2023	团标	2023.8.24/ 2023.8.31	江孜县农牧民专业合作社协会
52	江孜青稞糌粑加工技术规范	T/JZNM 004—2023	团标	2023.8.24/ 2023.8.31	江孜县农牧民专业合作社协会
53	青稞香型白酒	T/CBJ 2106—2020	团标	2020.1.16/ 2020.2.16	中国酒业协会
54	西藏青稞米	T/TBIA 0002—2019	团标	2019.12.3/ 2019.12.3	西藏自治区青稞产业协会
55	食品术语 西藏青稞食品	T/TBIA 0001—2019	团标	2019.12.3/ 2019.12.3	西藏自治区青稞产业协会
56	有机农产品 青稞生产技术规程	T/TBIA 0004—2019	团标	2019.12.3/ 2019.12.3	西藏自治区青稞产业协会
57	绿色农产品 青稞生产技术规程	T/TBIA 0003—2019	团标	2019.12.3/ 2019.12.3	西藏自治区青稞产业协会
58	猴头菇青稞酥	T/NTJGXH 075—2019	团标	2019.12.30/ 2020.1.10	南通市农副产品加工技术协会
59	青稞联合收割机	T/NJ 1223—2020	团标	2020.12.28/ 2021.3.28	中国农业机械学会,中国农业机械工业协会
60	江孜青稞	T/JZNM 001—2023	团标	2023.8.24/ 2023.8.31	江孜县农牧民专业合作社协会
61	青稞醋	T/QGCML 287—2022	团标	2022.5.31/ 2022.6.15	全国城市工业品贸易中心联合会
62	青稞中直链淀粉和支链淀粉的含量测定 双波长分光光度法	T/QAS 076—2022	团标	2022.5.12/ 2022.5.22	青海省标准化协会
63	青稞熟粉	T/QSX 0010—2024	团标	2024.1.23/ 2024.3.1	青海省食品工业协会
64	青稞全程机械化生产技术规程	T/NJ 1330—2022	团标	2022.10.31/ 2022.12.31	中国农业机械学会,中国农业机械工业协会

续表

序号	标准（规范）名称	标准号	标准类别（国标/行标/地标/团标）	发布/执行时间	颁布单位
65	青稞云大麦12号丰产栽培技术规范	T/YNBX 046-2022	团标	2022.1.20/2022.2.1	云南省标准化协会
66	青稞全程机械化生产技术规程	T/CAAMM 204-2022	团标	2022.10.31/2022.12.31	中国农业机械工业协会，中国农业机械学会
67	青稞云青2号丰产栽培技术规范	T/YNBX 047-2022	团标	2022.1.20/2022.2.1	云南省标准化协会
68	青稞麦片	T/QHNX 021-2021	团标	2021.11.25/2021.12.10	青海省农学会
69	囊谦有机黑青稞	T/QAS 090-2023	团标	2023.11.16/2023.11.16	青海省标准化协会
70	克旗青稞蒸馏酒质量要求	T/IMAS 048-2022	团标	2022.7.5/2022.7.6	内蒙古标准化协会

（三）品牌建设情况

品牌建设是青稞产品成功营销的基础，在产品创新战略中居重要地位。青稞产品定位可以在强调营养健康的同时，充分结合其传统文化色彩，推动产品品牌高端化。青稞现有西藏青稞、青海青稞、隆子黑青稞、门源青稞、玉树黑青稞、香格里拉青稞、甘孜青稞等区域公用品牌。青海省目前已培育农牧业区域公用品牌29个，20件被认定为中国驰名商标。"西藏青稞"区域公用品牌于2022年正式发布，创建了西藏自治区第一个农牧业行业区域公用品牌，基于世研指数影响力评价体系，从竞争力、品牌力和传播力三个维度进行综合评价，2024年农产品区域公用品牌影响力TOP10排序中，"西藏青稞"排名第7。截至2023年底，西藏自治区有"藏家金谷""圣禾""吉祥粮""雪域圣谷"等60多个青稞加工企业品牌。

此外，玉树黑青稞被纳入"全国名特优新农产品"目录，西藏自治区山南市隆子县经世界纪录认证（WRCA）、官方人员现场审核，于2023年5月16日被确认为"世界最大黑青稞种植基地"，将有效推动青稞产业资源整合，进一步提升青稞知名度，提高青稞产业的核心竞争力，助力青稞产品走向国内、国际市场。产业发展在加强品牌建设的同时，还需多措并举，严控产品质量，强化宣传推介，拓宽销售渠道，切实提高品牌在消费者心中的影响力，提升青稞产品品牌的竞争力及综合效益。

第二章

青稞产业发展外部环境

　　青稞在促进产业兴旺、联农带农富农、带动地方经济、促进生态改善、繁荣乡村文化中具有重要作用。青稞产业已成为涉藏地区实施乡村振兴战略、保障粮食安全和重要农产品有效供给的重要抓手。

　　产业环境是指所处的行业、市场、竞争等多种因素构成的外部环境，这些因素直接或间接地影响企业的经营、发展和竞争力。产业环境分析有利于洞察市场、把握趋势和制定策略，同时有助于政府机构或企业优化资源配置、降低风险和提高竞争力，为产业持续发展创造有利条件。产业环境主要包括产业状况、竞争状况、产业布局、市场供求情况、产业政策、行业发展前景等。因此，本章对青稞产业发展的政策环境、技术环境、市场需求状况进行论述，并通过SWOT分析法，对青稞产业发展的优势、劣势、机会和威胁进行分析，以期为青稞产业发展提供参考。

第一节　政策环境

一、国家青稞产业发展政策环境分析

　　2021年12月29日，农业农村部印发《"十四五"全国农业农村科技发展规划》，提出在乡村振兴重点县实施产业技术顾问制度，指出"围绕新疆和西藏特色发展具体需求，组建棉花、青稞等农牧业全产业链技术指导专家组"，为西藏自治区青稞全产业链发展提供技术与人才支持。

　　自2017年以来，相关部委发布了年度重点强农惠农政策，将青稞纳入中央财政保险保费补贴。2022年，中央财政对中西部和东北地区的种植业保险保费补贴比例由35%或40%统一提高至45%。国家发展改革委员会等部门发布了《关于新时代推进品牌建设的指导意见》（发改产业〔2022〕1183号），意见指出"开展脱贫地区农业品牌帮扶，聚焦特色产业，支持培育一批特色农产品品牌"。青稞产业积极开展了"三品一标"行动,现有区域良种繁育基地2个,分别为西藏自治区扎囊县、青海省共和县;"三品一标"基地4个,其中西藏自治区2个,青海省2个;现有青稞地理标志产品13个。

为推进青稞产业发展,国家在一村一品示范村镇建设、优势特色产业集群建设、全产业链重点链建设及农业文化建设方面均给予了支持。以青稞及青稞糌粑为重点的全国一村一品示范村镇4个,其中西藏自治区3个,青海省1个。工业和信息化部等十一部门发布的《关于培育传统优势食品产区和地方特色食品产业的指导意见》(工信部联消费〔2023〕31号)指出在青海和西藏构建青稞制品产业集群。西藏自治区青稞全产业链重点链入选2021年农业农村部办公厅公布的全国农业全产业链重点链和典型县建设名单。青海省青稞产业集群入选了农业农村部、财政部公布的2023年农业产业融合发展项目创建名单。西藏自治区乃东青稞种植系统被列入第六批中国重要农业文化遗产名单。2022年,国家发展和改革委员会发布的《鼓励外商投资产业目录》指出,高原特色农畜产品(青稞、牛、羊等)种植、养殖及生产加工,青稞、牧草等农作物新技术的开发利用被列入西藏自治区鼓励外商投资优势产业目录;枸杞、青稞等种植及深加工被列入青海省鼓励外商投资优势产业目录。

国家通过拔尖领军人才输入、当地科技人才培养及基层服务人才培育等方式,为青稞产业发展提供多方位人才支撑。西藏青稞全产业链技术创新团队获2020—2021年度神农中华农业科技奖优秀创新团队奖,在品种选育推广、绿色栽培技术推广应用及多元化青稞产品开发等方面,为西藏青稞产业提供技术支持。西藏格藏青稞食品科技开发有限公司小索顿获2018年度"全国十佳农民"称号,青海藏禾源青稞资源开发有限责任公司冯慧杰获第四批全国农村创业创新优秀带头人称号,激发了当地农民的创业创新热情,涌现出一批服务乡村的先进典型。

二、主产省份青稞产业发展政策环境分析

青稞主产省份在种业高质量发展、绿色高效机械化生产体系建设、高标准

农田建设、产业主体和品牌培育、强化科技支撑等方面制定了相关政策，按照"稳面积、增单产、增效益"的发展方向，补齐产业短板，推进生产设施化、社会服务化、产业融合化发展，促进青稞产业全产业链发展。

（一）提升生产水平，保障青稞供给

一是强化种业基地建设，提升青稞供种保障能力。通过完善种质资源保护措施、搭建育种创新平台、建设制（繁）种基地，提升青稞供种能力，保证良种覆盖率。《西藏自治区"十四五"时期推进农业农村现代化规划》提出，建设好青稞国家区域性良种繁育基地，在拉萨等5个地（市）建立粮食作物良种田16万亩，新建良种精选、包衣加工厂4座。青海省《进一步支持种业企业加快发展的政策措施（暂行）》提出，开展牦牛、藏羊、油菜、青稞、马铃薯、饲草、冷水鱼等育种联合攻关，引导共和县等（青稞）国家级制种大县与优势企业合作共建，实现基地做优与企业做强同步发展。《打造青海绿色有机农畜产品输出地专项规划（2022—2025年）》指出了强化良种繁育体系建设的目标与重点，提出至2025年发展优质青稞繁种基地6万亩。

二是建设规模化种植基地，保障青稞稳定供给。通过建设高标准农田、夯实农田水利基础设施、提升生产基地标准化水平、推动生产全程机械化等方式，提升青稞产量，保障青稞稳定供给。根据《西藏自治区"十四五"时期推进农业农村现代化规划》，"十四五"时期将加大喜玛拉22号、藏青2000等良种推广力度。至2025年，青稞良种覆盖率达95%，播种面积不低于292万亩，新增70万亩青稞标准化生产基地，产量达85万吨。深入开展绿色高质高效示范、测土配方施肥、青稞机械化收获减损、农作物病虫害绿色防控融合技术，到2025年，青稞等主要粮食作物综合机械化率达到71%。《西藏自治区"十四五"农业机械化发展规划》明确了农业机械化的发展目标、区域发展重点、主要任务、重大工程、扶持政策与保障措施。《打造青海绿色有机农畜产品输出地专项规划（2022—2025年）》提出到2025年，建设100万亩绿色有机青稞生产基地，全省青稞面积达到150万亩，产量达到30万吨以上，良种覆盖率达到98%。

三是做深农产品加工，提升青稞加工转化水平。通过拓展产地初加工、强

化精深加工、提升综合利用加工与打造重点加工园区,提升青稞加工转化水平。《西藏自治区高原特色农牧业发展规划》提出,重点发展高原优质食用青稞、多样化青稞休闲食饮品、青稞营养健康产品,推进青稞秸秆饲料化利用。规划新培育5—8家规模以上青稞加工龙头企业、5家产值亿元以上大中型青稞加工龙头企业。《西藏自治区高原轻工业高质量发展规划(2023—2030年)》明确了青稞精深加工的具体发展方向,并在科技创新突破、品牌市场拓展、标准质量提升、市场主体培育、产业生态构建、数字化绿色化转型及招商引资延链补链等方面明确了具体行动举措。《打造青海绿色有机农畜产品输出地专项规划(2022—2025年)》提出加快青稞优势特色产业集群建设,创建门源县、大通县、互助县、贵南县、囊谦县等5个国家级、省级青稞产业园,发挥园区集聚效应。

(二)强化科技支撑,促进青稞产业可持续发展

一是开展关键核心技术攻关。围绕核心种源、耕地质量提升、产业提质增效,开展青稞"保育繁推",坡耕地、退化及污染耕地治理,土壤有机质提升,促进青稞绿色增产与现代加工技术增产。《西藏自治区"十四五"时期科技创新规划》与《青海省"十四五"科技创新规划》以特色农牧业优质高产和提质增效为目标,在种质资源保护与利用、新品种选育、精深加工等方面提出了青稞产业化技术攻关方向。

二是建设高水平创新基地体系。《西藏自治区"十四五"时期推进农业农村现代化规划》《西藏自治区高原特色农牧业发展规划》均提出提升省部共建青稞和牦牛种质资源与遗传改良国家重点实验室能力,强化数字农业建设,搭建青稞大数据分析应用平台,加强青稞动态监测,完善生产管理信息化水平。《青海省国民经济和社会发展第十四个五年规划和二〇三五年远景目标纲要》提出实施特色品种创新技术项目,优化整合春油菜、青稞、马铃薯等现有省级重点实验室。

三是启动青稞产业技术体系试点建设。《西藏自治区现代农业产业技术体系(试点)建设实施方案(2023—2025年)》明确提出以产业发展技术需求为

导向，按照全产业链配置科技力量，通过整合资源、联合攻关和机制创新，探索建立新型农业科研组织模式，及时发现青稞产业发展中的技术难题，全面深入贯彻落实"藏粮于地、藏粮于技"战略，为加快实现青稞绿色有机产业高质量发展贡献科技力量。

四是创新科技成果转化和农业技术推广。围绕大面积提高粮食单产，按照良种良法配套、农技农艺融合、机械化信息化融合，将青稞绿色高寒高效栽培技术模式纳入年度农牧业科技下乡技术包保工作方案，组织各级农业农村科技服务立法发挥促转化、推技术、做示范等公益职能，鼓励采取农业研发合作、技术转让、技术许可、技术投资等多种形式，推动农业科技成果有效转化。通过基层农技推广体系改革与建设、科技人员服务农牧业竞争激励、农牧民职业技能和农牧民经纪人培训及农业技术服务公司培育等方式，提升农业技术服务能力与水平。

（三）促进加工业主体和品牌培育，推进青稞产业高效发展

一是构建现代农业经营体系。以专业化、组织化、社会化为方向，通过壮大产业化龙头企业，规范提升农民专业合作社，加快培育家庭农牧场，培养高素质农牧民，健全专业化社会化服务体系等方式高起点构建现代农业经营体系。

二是做活农产品市场流通。西藏自治区提出"通过逐步形成自治区'一基地四区域多节点'农产品市场流通网络，提高农产品出藏能力；通过推动供应链高效融入国内市场，增加中高端产品和优质服务供给，畅通'引进来''走出去'双向通道，依托线上、线下等多种销售方式，开拓国内、国外市场"。

三是叫响优势特色品牌。西藏自治区提出"十四五"时期将完善品牌体系，以青稞、牦牛、藏鸡、藏猪、藏药、藏茶、皮绒制品为重点，培育打造7个自治区级区域公共品牌和20个县域区域公共品牌。积极培育粮油、肉蛋奶等"大而优"的大宗农产品品牌，每年认定10个自治区级特色产品品牌。通过完善品牌授权和保护体系与规范品牌商标使用行为加强品牌管理。通过制定品牌推介方案与拓展线上线下推广渠道加强品牌营销。《青海省国民经济和社会发展第十四个五年规划和二〇三五年远景目标纲要》提出聚力打造具有青海地理标志的系列特色轻工品牌，稳固提升青稞酒、枸杞酒等酒类品质。

（四）加强人才队伍建设，推动青稞产业高速发展

西藏《关于加强和改进新时代西藏人才工作的若干措施（试行）》提出的育才工程主要包括实施"珠峰英才"计划与学历提升行动计划；引才工程主要包括支持引进人才或区外人才申报"珠峰英才"计划，加大柔性引才支持力度等措施；用才工程主要包括支持科研创新平台成长，深化"揭榜挂帅"机制等措施；留才工程主要包括打造"一站式"人才服务平台，推行"珠峰英才卡"服务等。青海省出台了《青海省"人才+项目"支持服务办法（试行）》，提出了26条优惠政策。《青海省"十四五"科技人才发展规划》明确了科技人才队伍建设的发展目标与措施。

为培训高素质农牧民队伍，西藏自治区持续开展"农口干部下基层"的技术指导行动，推行"首席专家+支撑专家+农技人员+科技特派员"的科技服务机制，加大"三区"科技人才和"西部之光"访问学者等人才向农牧业倾斜力度。聚焦西藏自治区乡村振兴和农业农村现代化发展要求，以产业发展技术需求为导向，按照全产业链配置科技力量，西藏自治区农业农村厅成立了西藏自治区青稞现代农业产业技术体系。

三、相关协会、社会团队对青稞产业的帮扶与促进

为推进西藏自治区青稞产业发展，2016年，西藏自治区青稞产业协会成立。为了使西藏自治区青稞产业标准体系尽可能完善，该协会组织区内青稞产业龙头企业和行业专家完成了区内青稞系列标准的收集、整理、完善和摸底，这些标准涵盖了青稞从种植、加工、产品研发到销售的全产业链。

西藏自治区在2019年启动了"西藏青稞"区域公用品牌创建工作，西藏农牧产业协会牵头制定了《"西藏青稞"区域公用品牌使用管理办法》，强化品牌管理，提升区内青稞加工产业生产规范的监管和品牌影响力，积极推动农业区域公用品牌发展，构建属于西藏地区的区域农业竞争优势；与第三方国内

领先的专业农业品牌咨询机构合作，策划了"西藏青稞"区域公用品牌，成为西藏自治区发布的第一个农牧业行业区域公用品牌，并成功入选了农业农村部"2022年农业品牌精品培育计划"。

青海省青稞产业联盟成立于2019年，通过产学研深度攻关和战略合作，共同推进"统一青稞技术标准、统一青稞基地提升、统一智能化建设、统一区域品牌战略、统一生产加工标准，制定出符合规范的青海青稞企业标准、地方标准、行业标准、国家标准"，依靠技术创新提升青稞综合价值，提升青海省青稞产业整体水平。联盟成立后，青海省青稞产业在良种繁育、标准化生产、精深加工等方面加大技术投入，借助已有的生产基础、社会条件、资源优势和生态优势，强化科技支撑，突破产业共性关键技术，突破青稞技术瓶颈。

2023年甘南藏族自治州青稞产业发展协会成立，会员单位共计109个。该协会旨在青稞新品种选育、标准化种植、产品研发、品牌打造、产品销售和文化挖掘等全产业链共同发力，助推甘南州青稞产业高质量发展。

第二节　技术环境

一、科研平台支撑情况

（一）新建平台

为加强西藏自治区农业科技创新能力条件建设，2022年农业农村部批准了《西藏自治区青稞营养制品加工技术集成基地建设》与《西藏自治区高原农作物全程机械化科研基地建设》两个项目建设规划，2023年下达了项目资金，并按期开展了项目建设工作。

（二）平台运行支持

据不完全统计，现有青稞相关实验室、创新平台和基地共9个，其中包括省部共建青稞和牦牛种质资源与遗传改良国家重点实验室1个，涵盖了青稞生物学与遗传育种、制种、南繁加代、有害生物综合治理、青稞精深加工与品质评价等不同领域。为确保现有科技平台的高效运行，各级地方政府提供了项目经费支持，各建设单位在制度建设与技术人员培养方面也提出了切实可行的改进措施。

二、科研项目支持情况

（一）国家层面

为解决大面积提高青稞产量和品质、资源利用率及生产效益的关键技术问题，提升国家和区域创新能力，加强农业科技自主创新能力，农业农村部和财政部在2008年启动建设了国家大麦青稞产业技术体系。"十四五"时期设立了一个重点研发计划项目——《西藏青稞和饲草产业提质增效关键技术研究与示范》。此外，青稞领域相关科技人员也积极申请国家自然科学基金类项目，并获得立项，如《基于RIL群体的青稞β-葡聚糖含量的关键基因发掘与遗传机制解析》等。

（二）主产省区

为加快推进农业农村现代化和农牧民持续增收，深入实施"藏粮于地、藏粮于技"战略，各级政府十分关注青稞领域的关键核心技术攻关。据不完全统计，"十四五"时期，西藏自治区与青海省共设立青稞相关项目47个，项目类型包括重大专项、重点研发与转化计划、中央引导地方、区级自然基金及其他计划项目，涵盖了青稞种业创新、高效绿色栽培技术示范推广、特色青稞产品有效供给等相关领域，为实现巩固拓展脱贫攻坚成果同乡村振兴有效衔接提供新品种、新产品、新技术和新模式。此外，各相关地市科技局也根据当地青稞生产实际需求，设立了科技项目，如四川省农业科学院与甘孜州政府合作项目《青稞品质分析及产品开发》等。

三、创新技术

科技创新始终是驱动农业进步的根本动力，青稞相关基础与应用研究日益增多。据统计，2023年发表论文231篇，其中SCI论文88篇，中文核心期刊论文

22篇，其他121篇，主要包括青稞功能基因挖掘与验证、特征品质分析与功效评价、新型加工技术应用与产品品质改良等。

（一）青稞品种选育技术

近年来，在传统杂交育种持续开展的基础上，分子标记辅助育种的相关研究日益增多，主要表现在青稞资源鉴定更加精准、遗传调控机理更加明确。为缩短育种周期，青稞加代技术同样受到研究人员的关注。

1.种质资源鉴定更加精准

依托《第三次全国农作物种质资源普查与收集行动》广泛收集青稞种植资源，丰富了国家与地方青稞种质资源库。在各地区科技项目的支持下，青稞种质资源鉴定更加精准，包括表型性状、产量性状、抗性性状与品质特征。抗性性状包括抗寒、抗旱、耐盐碱、抗白粉病、抗条锈病、抗黄矮病、氮磷养分高效利用等。品质特性则包括基本营养成分、功能活性成分与加工特性等。

对青稞种质资源的基因挖掘逐渐深入，通过基因组重测序，挖掘到了与青稞耐冻害、调控穗长、矢车菊素合成等相关基因，为青稞育种提供了丰富的基因资源。通过不同发育阶段的转录组测序分析，结合先前注释的与倒伏抗性相关的基因，共鉴定出72个差异表达的基因，其中17个基因与木质素、纤维素和半纤维素的合成或调控有关，包括 *NAC*、*MYB* 和 *WRKY* 的5个转录因子。

2.遗传调控机理更加明确

通过转录组、代谢组与基因组等技术，大量与青稞抗逆、物质代谢、生长发育相关的遗传调控机制及关键作用基因得到了解析，为培育优良青稞品种提供了基因资源。磷酸盐转运蛋白基因（*HvPT6*）过表达可以使拟南芥的侧根长度更长，干物质产量更高。氧化烯环化酶基因（*HvtOSC12*）在青稞花药成熟前高表达，被列为影响青稞雄性繁育能力的候选基因。

（二）青稞高效栽培新技术

按照2023年3月实施的农业行业标准《青稞栽培技术规程》（NY/T 4176-2022），青稞生态区可以划分为西藏"一江两河"流域青稞区，青海海西、海南台盆地青稞区，青海海北—甘肃甘南—四川阿坝草原旱作青稞区和藏东—川西—滇西北横断山群河林地青稞区。因此,各地区根据生产现状,形成了相适应的青稞栽培技术,以满足农牧民的不同需求。

1. 区域间栽培技术差异性逐步体现

为确保栽培技术的适宜性,各地区均发布了相关栽培技术,集成耕、种、管、收四个生产环节关键技术。为促进生产发展、加强病害防控,引导绿色高效种植,农业农村部小宗粮豆专家指导组会同全国农业技术推广服务中心,提出了2022年青稞生产技术意见。意见对河谷盆地台地产区、草原沟坡雨养旱地产区等不同产区,在良种选用、合理轮作、科学施肥、合理密植、控草防病等方面提出了指导性意见。西藏自治区农牧科学院编制的《2023年农牧业科技下乡技术包保工作方案》,从选好茬口、做好土壤管理、选用良种、播种机选用、施肥、种子处理、播种、田间管理、病虫害防治、适时收获等方面,针对西藏自治区青稞生产现状提供了详细的技术方案。青海省于2020年颁布了《青稞高产优质高效栽培技术规范》。甘孜藏族自治州农牧农村局2023年3月印发了《甘孜州春青稞高产增效栽培技术》,通过采取秋(深)耕蓄墒、春翻灭草,重施基肥,酌防地下害虫;选用良种,种子精选包衣(或拌种),视情抢墒早播或等雨迟播,机播条播;加强田管,视苗(慎)追肥保壮苗、中耕灭草、综合防除病、虫、草害,适时收获等方式解决甘孜州青稞单产低、良种与良法不配套的问题。

2. 适宜性栽培技术研发日益增多

栽培技术不仅要结合不同的生态区域,还应结合品种特征特性,因此形成了针对不同品种的栽培技术规范,主要包括云青2号、昆仑14、昆仑15、昆仑16、昆仑17等相关品种。为适应不同的栽培需求,逐步发布了《青稞豆科牧草混作栽培技术规范》《青稞粮苗草三用栽培技术规范》《青稞有机肥替代化肥栽培技术规范》与《青稞青饲化利用栽培与评价技术规程》等。《青稞青饲化利用栽培与评价技术规程》规定了青饲化青稞栽培利用技术、测定方法、饲用品质评价与分级等内容,为青稞青饲化利用提供了技术支持。

（三）青稞智能机械化新技术

青稞种植地区地势复杂、基础设施建设滞后、高原特色适宜装备供给不足、农机推广与技术培训力度不够等问题导致青稞综合机械化率不高。通过加强科技研发、标准制定、技术培训等方式，推动青稞综合机械化率逐步提升。

1. 青稞智能机械化装备研发逐步增多

为增强青稞全产业链智能机械化进程，各科研部门围绕播种、施肥、联合收割、脱粒、加工及禾秆打捆等关键环节开展相关机械装备研发。据统计，2020—2023年申请/授权的专利共90件，其中整地相关设备9件，播种、种植、发芽、施肥相关设备23件，青稞收割或堆垛相关设备16件，青稞脱粒风选及储藏相关设备6件，青稞面制品加工相关设备17件，青稞酿造相关设备19件。

为解决高原山地地区青稞大型播种设备适用性差，采用人工播种效率低、劳动强度大的问题，四川农业大学设计了一种青稞山区开沟、施肥、播种、覆盖的一体化装置。为适应青稞与油菜同种同收的种植现状，西藏自治区农牧科学院农业研究所开发了一种可自动分类的青稞与油菜混合播种设备。针对收获时节青稞高低不均及长势不一阻碍机具作业效果的现状，农业农村部南京农业机械化研究所设计了一种基于机器视觉的青稞割捆机，通过实时调节割台组件高度，提高机具的适应性。由于传统联合收割机无法将秸秆与芒秆分离，导致青稞脱粒后秸秆中残留了大量芒秆，并在饲喂牲畜时造成伤害，西藏自治区农牧科学院设计了一种带有除芒及集芒功能的脱粒装置方便将青稞的芒秆、秸秆和青稞颗粒分离。

青稞面制品加工设备主要包括面条、面包、饼干、糕点加工等相关设备。河南工业大学设计了一款青稞半干面生产设备，通过调控水流速度，调节青稞面粉与纯净水的比例，进而方便调节青稞半干面的含水量。传统青稞酒是西藏青稞产品的主要消费方式之一，青稞酿造设备主要为青稞酒酿造、蒸馏、调配相关设备，西藏达热瓦青稞酒业股份有限公司设计了一种智能化青稞酒酿酒系统，过滤设备与集水池连接，且可自动化倾倒至蒸煮机内，不需要人为参与，避免了青稞二次污染。

2. 青稞机械化生产标准体系建设逐步完善

各青稞种植区积极推进青稞机械化生产标准体系建设。2019年，青海省印发了《青海省青稞生产全程机械化技术指导意见》，针对播前准备、整地、播种、田间管理、收获五大环节，遵循农机农艺融合和绿色发展原则，就青稞生产各环节机械化技术应用，按照品质选择、种子质量与处理、施肥、灭草整地、播种、机具选用、灌溉、病虫草害防治、中耕、收获以及机具选用和作业质量标准等提出明确要求。2022年5月，四川省市场监督管理局发布了《青稞全程机械化生产技术规程》，在机械整地、机械播种、机械施肥、田间管理、机械收获、秸秆处理、烘干等关键环节对作业机械与作业质量进行了规范。2022年，中国农业机械学会与中国农业机械工业学会联合发布了《青稞全程机械化生产技术规程》团体标准。

3. 农机技术培训逐步强化

针对农机鉴定、安全监理、科研推广、技术培训等农机公共服务不足等问题，各级政府积极开展相关培训，通过农业机械法规与惠民政策的解读、农业机械使用、维修、保养和安全操作技术的详细讲解与现场操作，提升农牧民的机械操作技能。为加深农牧民对现代化农业的了解，增加先进农业机械知识，增强安全生产意识，在培训的同时，发放《西藏青稞作物生产全程机械化手册（藏汉双语）》《农机安全操作手册》和《农机事故案例》等材料。

（四）青稞精深加工技术

《全国乡村产业发展规划（2020—2025年）》指出"农产品加工业从种养业延伸出来，是提升农产品附加值的关键，也是构建农业产业链的核心"。近年来，青稞加工科研工作主要集中于青稞加工基础理论研究、青稞大众食品加工技术改良、青稞精深加工技术研发、青稞副产物综合利用技术研究等方面。

1. 青稞加工基础理论研究逐步深入

青稞加工基础理论主要集中在食品组分、结构与功能，食品品质与食品物性，食品风味及食品微生物与安全等方面。干法、半干法、湿法制粉可以影响青稞粉的粒径、糊化特性、破损淀粉含量与色泽等理化性质，进而影响其制品

（无糖饼干）的食用品质与消化特性。添加β-葡聚糖可以在喷雾干燥条件下提高青稞淀粉的糊化温度，降低流变性，抑制淀粉消化。青稞醋在固态发酵过程中的优势菌是乳酸菌和醋酸杆菌，产品的芳香物标志物是乙酸异戊酯、乙酰甲基甲醇和辛酸乙酯，且与风味化合物和主要微生物的代谢相关。

2. 青稞大众食品加工技术逐步改良

受加工技术相对单一及青稞品质特性影响，导致多数青稞产品添加量不足或产品口感欠缺，消费者接受度低。近年来，多种新型加工技术被应用于青稞加工，如青稞米柔性加工关键技术显著改善青稞的蒸煮品质和感官品质，并能保留更多的营养成分；挤压、超声、湿热、射频加热、过热蒸汽等加工技术，被用于青稞制品的品质改良。同时，配方改良也被广泛用于青稞产品开发，如添加酶制剂、蛋白质、多糖等成分在改善青稞的加工品质的同时，提升产品的营养品质。青稞产品开发逐步向着多资源复配的方向开展，如与燕麦、荞麦、藜麦等杂粮，及猴头菇、枸杞、蓝莓等食用资源复配。

3. 青稞精深加工技术逐步增多

为推进青稞精深加工进程，促进青稞产业增值，青稞利用需日益多元化。如青稞纤维结合多酚可以抑制饼干和薯条消化过程中羰基化合物的形成。青稞β-葡聚糖和益生菌的共微胶囊化可以改善益生菌微胶囊的形态和结构，增加乳酸菌在喷雾干燥和体外消化过程中的存活率，提高其生物利用度。将青稞酶解液与大豆浓缩蛋白作为原料制备的酸奶比与以白糖和大豆浓缩蛋白制备的酸奶具有更高浓度的环磷酸腺苷、甘油磷酸胆碱、次黄嘌呤、精氨酰脯氨酸、总酚类化合物和类黄酮，具有更高的抗氧化活性和更高的感官评分。以青稞为主要原料通过热挤压3D打印技术制备的青稞预制饼干，可以改善高脂饮食引起的代谢紊乱，降低厚壁菌门/拟杆菌门的比值，促进益生菌的增殖和生长，维持肠道微生物生态平衡。

4. 青稞副产物综合利用水平逐步提升

青稞在加工过程中，会产生大量的副产物，如青稞粉加工过程中会产生大量酒糟、麦麸等副产物，但多用作饲料，附加值极低。近年来，生物酶解、超声提取、高压微流化挤压膨化等技术被用于青稞副产物利用。高压微流化处理可以减小青稞麦麸不溶性膳食纤维的粒径,且部分可转化为可溶性膳食纤维,降低半纤维素和木质素含量,增强其对水、油、胆固醇和一氧化氮(NO)的吸附能力。超声辅助提取技术可以提高青稞膳食纤维的溶解率和获得率。利用生物酶解法可以以青稞酒糟为原料,制备具有抗氧化活性的多肽,并制备青稞多肽饮品。

(五)青稞精准营养与个性化定制

随着生活质量的提高,营养供给能力显著增强,国民营养健康状况明显改善,但仍面临居民营养不足与过剩并存、营养相关疾病多发、营养健康生活方式尚未普及等问题。《"健康中国2030"规划纲要》《国民营养计划(2017—2030年)》强调坚持预防为主,倡导健康文明生活方式,提高国民营养健康水平。青稞富含多种人体必需的氨基酸、维生素、膳食纤维、矿物质等营养元素,并含有β-葡聚糖、γ-氨基丁酸、多酚、黄酮等功能成分,具有抗氧化、降血脂和血糖、抑制癌细胞等多种生物功效。因此,青稞营养健康产品研发日益增多。

1. 青稞主要功能物质营养健康作用机理研究日益深入

重点从分子、细胞和模型动物水平上研究了青稞传统营养素和功能成分与健康的关系及其作用机理。研究表明,青稞β-葡聚糖可以通过STAT3-CyclinD1信号通路促进急性肝损伤或肝切除术后的干细胞增殖和肝脏再生。氨基酸序列为QPQPFPQ的青稞肽可以通过TNF-κB信号通路激活RAW264.7巨噬细胞,增强其吞噬作用。

2. 青稞营养健康食品制造关键研究逐步增多

重点开展了青稞营养平衡设计、营养强化关键技术、功能因子高效提取技术、功能因子高效低成本生产技术及食品稳定化储藏技术等相关研究。2020—2023年,申请/授权青稞功能因子提取相关专利21件,青稞控制血糖产品相关专利16件,青稞降脂类产品相关专利8件,青稞营养强化产品相关专利6件。随着我国糖尿病总患病人数的不断增长,普通消费者对健康食品的追求,使市场对低升糖食品的需求增大，低升糖指数（低GI）产品的种类也逐渐增多，如低GI青稞面包、低GI青稞面条、低GI饼干等。

第三节　市场需求

一、种植业市场现状与需求分析

西藏是全球唯一大规模集中种植青稞的地区，作为西藏地区主要农作物之一，在国家和自治区政府的大力支持下，积极探索自治区青稞增产奖励机制，完善奖励扶持政策，2017—2022年度青稞增产先进市（地）、县（区）奖励资金累计达10220万元。持续实施化肥、农机、农药、良种等惠民补贴政策，年均投入资金达2亿元。同时，加强技术服务与指导，每年安排2000余名农口干部、科技人员，深入农牧生产一线开展点对点、面对面的农牧科技服务工作，打通农牧科技服务"最后一公里"。

由于青稞育种年限及品种更新换代周期长，严重制约了青稞产业的发展。而青稞增产的潜力主要在于优良品种的良种良法配套和大面积推广应用。青稞育种通常分为杂交育种、诱变育种、加倍单倍体育种、分子标记辅助育种等。近年来，各级政府在科研领域加大投入，不断缩短青稞育种年限、加快品种更新。西藏自治区积极开展良种繁育体系建设，加大青稞品种良种生产力度，每年安排麦类作物良种繁殖基地16万亩。大力推广喜玛拉22号、藏青2000等青稞良种，有力保障了青稞良种用种。

吃饭靠粮，种粮靠地，建好高标准农田是提升地力、持续夯实粮食安全根基的重要举措。西藏自治区按照"田成方、林成网、渠相通、路相连、旱能灌、涝能排"的高标准农田建设要求，扎实推进农田基础设施综合治理，进一步改善农业基础设施条件，提高耕地质量、促进农牧民增产增收。

二、加工业市场现状与需求分析

青稞在保障食物多样性和营养健康方面起着关键作用。过去种植的青稞，基本是自给自足，主要被当地人民做成糌粑和青稞酒食用，而今各青稞主产区大力发展青稞产业，提升青稞生产附加值。从百姓的口粮糌粑、青稞酒，到青稞面条、青稞麦片等大众食品，以及胶囊、咀嚼片等保健系列产品，精深加工的青稞新产品开始在市场上崭露头角，不仅深受消费者喜爱，也助力当地群众增收创收。

为推进青稞产品精深加工，各青稞主产区积极培育新型经营主体，创新农牧业经营方式，促进产品研发转化。"十四五"以来，西藏自治区青稞产品的深度开发及转型升级呈现出良好势头。通过加强产学研合作，建立健全青稞标准体系，研发满足市场需求的青稞食饮品、保健食品等高附加值多元化产品，促进青稞产业发展。目前，生产和销售规模较大的青稞产品主要有青稞粉、青稞米、青稞酒、青稞休闲食品和青稞副产品五大类。

随着人们生活水平的提高和生活理念的转变，青稞的保健、药用价值日益被国内外所关注与认同，与之不同的是，国内青稞加工产业发展缓慢。目前，青稞加工包括以青稞米和青稞粉为主的粗加工、以青稞酒为主的深加工与以糌粑为主的传统食品加工，产品种类多样性不足，高附加值产品缺乏。如何深挖青稞的深加工潜力，研发出满足消费者需求的新产品，成为摆在研发人员面前的难题。此外，如何加快推进青稞产业的标准化、规模化、品牌化建设，也是影响青稞产业高质量发展的重要因素。

三、新型产品销售及消费现状与分析

网络时代，全球性和区域性的文化并存。文化的多样性带来消费品位的融合，影响人们的消费心理和消费行为。新型消费文化下，消费需求升级加快，新型消费增速明显，商业模式正在向线上线下融合，鼓励发展新业态、新场景，促进定制、体验、智能、时尚等新型消费转变。

2020年，在由中国焙烤食品糖制品工业协会与北京贝克瑞会展服务有限责任公司共同主办的"2020焙烤秋季展览会"上，西藏金谷农业高科有限公司、西藏奇正青稞健康科技有限公司、西藏春光食品有限公司等6家优质青稞原料加工企业参加此次焙烤展，现场销售与订单金额达110万元。《西藏自治区商务厅关于促进西藏直播电商发展的意见（2020—2022年）》《关于加快推进净土健康产业发展若干政策意见的实施细则》《关于扶持青稞、牦牛、奶业等重点产业健康发展的政策意见》均提出了建立健全青稞产业化发展资金补贴奖励办法的政策措施，通过整合农业支持保护、产业发展等资金资源，对青稞种植、收购、加工、研发、销售等全产业链环节予以补贴奖励，为青稞产业发展注入新活力，促进青稞产品的研发、加工与销售。

第四节　青稞产业发展优劣势分析

一、产业优势分析

（一）符合国家及各级政策要求

为推进巩固拓展脱贫攻坚成果与乡村振兴有效衔接，对涉藏地区乡村产业发展的政策支持力度不断加大，有利于粮食增产、农业增效和农民增收，为青稞产业发展创造了更好的发展前景。西藏自治区、青海省及甘肃甘南州、云南迪庆州与四川甘孜州的农业农村现代化发展规划，针对推进青稞标准化种植、提升青稞精深加工水平、推进青稞产业园区和产业集群建设、打造青稞农产品区域公用品牌等，提出了相关政策建议与重点建设项目。

（二）青稞品质优良符合现代消费需求

青稞具有促进人体健康长寿的合理营养结构，是谷类作物中的佳品，经常食用可调节人体营养缺乏症。现代研究表明，青稞具有降血糖、抗肥胖、降血脂、降胆固醇、调节肠道菌群及预防心血管疾病等作用，2023年被列为高脂血症、糖尿病推荐食物，并写入相关指南。青稞的营养价值与生理功效表明其在保健品领域具有重要的应用前景, 极具开发价值。

二、产业劣势分析

(一) 农业生态环境脆弱, 防御自然灾害能力低

青稞种植区域均在海拔1400—4700米的高寒农区, 由于种植区域海拔差异较大, 许多区域土地贫瘠, 气候变化明显, 且容易出现干旱、雹灾等问题, 而青稞对自然灾害的抵御能力较弱, 使青稞产量较低, 达不到种植的预期量。青稞种植区域具有原始的生态系统, 其生物种群丰富, 特殊的地形地貌和气候条件使生态环境十分脆弱, 一旦遭到破坏就不可逆转, 其后果不堪设想。因此, 青稞产业发展应以保护生态环境为前提。由于受自然条件的制约, 地方经济发展缓慢, 农业生产基础设施仍十分脆弱, 农田装备和设施农业相对落后, 青稞生产设施装备的保障程度差, 抗御自然灾害能力弱, 扩大再生产能力低下, 部分地区 "靠天吃饭" 的局面未得到根本改变。

(二) 交通等基础设施相对落后

青稞产区交通落后, 农产品运输成本高, 市场竞争力差。近年来, 相关区域的交通设施有了快速发展。截至2019年底, 西藏公路总里程达到103951km, 铁路营业里程796km。再加上2021年6月25日我国首条高原电气化铁路川藏铁路拉林段正式开通, 使西藏交通运输业更上新台阶。但与我国其他区域相比, 青稞主产区的交通仍显落后, 青稞种植、加工、销售各环节仍然面临运输时间长、运输成本高的障碍, 使纵向一体化空间链条长、管控难度大、一体化成本高。

(三) 销售渠道缺乏, 产品宣传力度不足

在销售渠道缺乏方面表现为 "国内市场同质化严重, 国外市场尚未打通"。尽管青稞具有很高的营养价值, 但由于销售渠道缺乏以及产品宣传力度不足, 消费者对青稞的营养健康效果尚不了解, 在内地消费市场的认知度不高, 尚未形成符合青稞自身特点的特色产品形式, 缺乏拳头产品。在产品宣传力度不足方面表现为 "宣传方式单一, 宣传渠道较少", 网络平台鲜见相关信息推送, 远不能达到青稞产品被广大消费者认知的程度, 无法满足市场开拓的需要。

三、产业机会分析

（一）良好的市场发展前景

城乡居民收入增加和城市化进程刺激食品消费结构发生变化，营养健康产品消费激增。改革开放以来，国民经济稳步发展，城乡居民收入水平不断提高。根据《中华人民共和国2023年国民经济和社会发展统计公报》，2023年全年全国居民人均可支配收入39218元。随着人均GDP增加，食品消费结构将发生显著变化，由"吃饱"向"吃好""吃得健康"转变。进入全面建成小康社会阶段，食品的核心价值在于营养，在于保障人民群众身体健康。《健康中国行动（2019—2030年）》表明国家对居民健康高度重视，研究结果显示，饮食风险因素导致的疾病负担占比15.9%，已成为影响人们健康的主要因素，可见健康饮食对人类的健康越来越重要。

青稞的营养价值及其保健、药用价值得到业界的大力推崇，青稞越来越受到国内外消费者的关注与青睐。旅游业的繁荣发展，也为青稞产业的发展带来了很大机遇。2023年西藏自治区旅游接待人次和收入历史性突破5500万和650亿元，纷至沓来的旅游者成为青稞产品的直接消费者与潜在宣传者。

（二）青稞产业已具备健康较快发展的基础

一是种植条件持续改善。依据《西藏自治区高标准农田建设规划（2021—2030年）》，西藏自治区扎实推进农田基础设施综合治理，2023年建成高标准农田67.4万亩，为青稞的标准化种植与增产增效提供了有力的耕地保障。随着农机购置补贴政策实施与农机新技术新装备推广，农机装备水平快速提升、结构不断优化，西藏自治区主要粮食作物（青稞）耕种收综合机械化率由2020年的67%提升至2023年的71.7%。

二是青稞原料稳定供给。从种植面积来看，2018年西藏、青海、甘肃、四川和云南5省区青稞种植面积为329.70万亩，2023年5个省区青稞种植面积达到487.20万亩，增长47.77%。从产量来看，2018年5个省区的青稞产量为97.99万吨，2023年5个省区青稞产量达到130.00万吨，增长24.62%。青稞耕种面积和产量的持续增加，为青稞产业的健康快速发展提供了持续可靠的原料保障。

（三）青稞产业发展科技支撑保障

根据青稞产业发展需求，通过国家、部门、地方和企业持续的科技投入，取得了一批研究成果，如选育了一批高产优质的青稞品种，引进了一批青稞加工生产线，研制了一批青稞产品，储备了一批具有发展潜力和市场前景的技术，制定了一批国家标准、行业标准或地方标准，建立了青稞加工技术工程中心、实验室和示范基地，培育了一批具有较强创新能力的青稞加工企业，研究人员队伍也不断扩大，为青稞产业的进一步发展打下了良好的基础。

四、产业威胁分析

（一）缺乏合理有效的利益共享机制

合理有效的利益共享机制在青稞产业发展中发挥着重要的激励作用。充分尊重产业链各主体的利益诉求，并通过一定的社会生产组织形式实现其利益结果，既是以人为本价值观的体现，也是构建和谐有序生产方式的重要举措，有利于建立长期、稳定的合作关系，促进青稞产业长期稳定发展。但目前青稞加工企业与青稞种植户的关系多为订单农业，或集中收购，合作方式简单，青稞加工企业并未在种植环节进行技术指导和质量管控，青稞种植户也较少参与加工环节，相互渗透力不足，再加上青稞加工企业数量有限、规模较小，且合作关系较为松散，很难建立充分、健全的利益共享机制，无法真正实现可持续的利益共享、风险共担、协同发展。

（二）行业内竞争日益多样

目前西藏青稞产品主要以传统食品糌粑为主、青稞酒为辅，青稞米、青稞曲奇、青稞面条等低附加值产品随种类逐步增多，但多以工艺简单、产品单一的小型企业为主。由于缺乏充分的市场需求度调研，导致青稞传统与精深加工企业发展低质低效，加之市场营销模式简单粗放，企业与企业之间形成青稞单一产品的无序、恶性竞争，严重制约青稞加工产业的发展。随着我国进入老龄化社会，大众对健康越来越重视，使得小杂粮在食品消费市场越来越受到欢迎。

青稞作为小杂粮的一种，虽然营养均衡，有利于人体健康，但与其他杂粮产品之间具有一定的替代性。因此，发挥青稞品质优势，通过多资源复配，各取所长，抓住营养健康产品市场逐步扩大的机遇，对青稞产业持续发展十分重要。

第三章

青稞产业发展重点区域

青稞种植区跨西藏、青海、甘肃、四川及云南等地，承载着当地历史文化核心、饮食交流和发展的功能，青稞价值已经深入地区经济发展的方方面面，也是其生命力和特质的见证。虽然目前青稞仍作为小众作物出现，但其营养价值及功效逐渐被挖掘。随着人们对于健康饮食的认知逐渐加深，青稞产品的身影也出现在大众眼前，是产业发展的良好契机。

第一节　西藏自治区青稞产业发展现状

西藏自治区青稞种植面积和总产量均占全区粮食的75%以上，占全国青稞种植面积的55%和总产量的66%。近年来，西藏自治区青稞连年丰收、产品种类日益丰富、产业结构不断优化、口粮安全保障更加有力，但也面临着科技创新不足、生产效率不高、加工产品与品牌不强、市场销售不畅等问题。为加快构建高水平的青稞产业体系，全面推进青稞产业高质量发展，亟须补齐产业短板、促进产业转型升级、推动产业基础提升和产业链条现代化，打造集中连片、功能配套的青稞生产基地和产业带，将青稞产业建成高原特色优势产业，成为西藏自治区扩大高品质农产品市场供给、更好满足人民美好生活需要的重要抓手，成为巩固拓展脱贫攻坚成果、全面推进乡村振兴的重要基础，成为支撑国家粮食安全战略、治边稳藏的重要保障。

西藏自治区坚持优化一产、壮大二产、提升三产，瞄准青稞等特色产业，推进产业深度融合发展，有序推进高原特色农牧产业实现质的有效提升和量的合理增长，全面推进乡村振兴。坚持稳中求进工作总基调，坚持把稳增长放在更加突出的位置，经济运行总体呈现"持续恢复、增势向好、后劲增强"的发展态势。知识产权方面，西藏自治区青稞产业专利共计652件，其中发明专利445件，占比专利总量68%，西藏自治区青稞产业专利企业占比59%。以西藏自治区农牧科学院、西藏大学为代表的院校占比25%。拉萨、日喀则、林芝、山南和昌都专利数量分别是542件、51件、23件、12件和12件。可以看出在青稞产业科技创新方面，拉萨具有极强的聚集效应，所申请的专利数量占比很高。国家知识产权局印发《国家知识产权局办公室关于确定第二批地理标志运用促进重点联系指导名录的通知》（国知办发运字〔2023〕44号），批准全国各地60件特色地理标志开展运用促进项目建设。其中，隆子黑青稞糌粑成功入选地理标志。

一、种植现状

青稞主要种植区分布于日喀则、昌都、拉萨、山南等地市，其中日喀则市和昌都市青稞种植面积占全区的66%以上，拉萨和山南青稞种植面积占全区的25%左右。近年来，种植空间布局不断优化，综合生产能力稳步提升，有效保障了自治区粮食安全。"十三五"期间，全区累计推广主要农作物良种面积达1183万亩，其中青稞良种累计推广面积为938.47万亩。2023年，全区农林牧渔业增加值220.21亿元，按不变价计算，比上年增长14.7%，粮食作物产量108.87万吨，增长1.4%，其中青稞产量84.36万吨，增长0.7%。

2023年，日喀则市播种青稞面积为93.29万亩，青稞产量40.8万吨左右；拉萨市播种青稞面积为30.34万亩，青稞产量达到11.6万吨；山南市青稞种植面积为27.67万亩，青稞产量达11.58万吨；昌都市推广种植的青稞品种有藏青2000、藏青3000等，种植面积稳定在56万亩以上，产量稳定在16.7万吨以上。其中洛隆县作为昌都代表性种植区域，盛产优质青稞，有着"藏东粮仓"的美誉。洛宗特色产品开发公司是洛隆县最大的青稞加工厂。公司采用"企业+基地+农户+市场"的经营模式，为当地提供了40多个就业岗位，与1000多户种植户签订了青稞收购合同，促进了群众增收。2023年实施高标准农田16.43万亩。

2023年全区建成高标准农田67.4万亩，其中，完成2022年度续建任务16.84万亩；完成2023年建设任务50.56万亩（新建20.3万亩、改造提升30.26万亩），当年项目工程进度和农田建设补助资金执行率分别达到84.27%和70.11%。截至2023年底，全区主要粮食作物（青稞）耕种收综合机械化率71.7%，其中拉萨市82.45%、日喀则市73.88%、山南市76.30%、林芝市73.10%、昌都市62.80%、那曲市49.85%、阿里地区43.62%。

青稞良种繁育体系初步建立，形成云南元谋青稞南繁加代、国家扎囊青稞原良种繁育、自治区级良种生产繁育基地等三级青稞良繁体系，建设青稞良种繁育基地5318亩。成立"省部共建青稞和牦牛种质资源与遗传改良国家重点实验室"，先后选育推广春青稞、冬青稞新品种22个。

关于青稞产业发展重点布局，根据西藏自治区河谷农区种植面积与原种需求量，在拉萨、日喀则、山南、林芝、昌都五市布局青稞良种繁育基地15万亩，其中拉萨市2万亩（曲水县1万亩、林周县1万亩）、日喀则市6.3万亩（白朗县2万亩、拉孜县1万亩、萨迦县1.3万亩、桑珠孜区1.5万亩、江孜县0.5万亩）、山南市2.5万亩（扎囊县1.5万亩、乃东区0.3万亩、贡嘎县0.7万亩）、林芝市1.2万亩（巴宜区0.79万亩、波密县0.41万亩）、昌都市3万亩（洛隆县1.2万亩、丁青县1万亩、芒康县0.8万亩）。在山南市扎囊县建立国家级区域性青稞良种繁育基地1.5万亩（其中春青稞1万亩，冬青稞0.5万亩），在拉萨市曲水县布局建设高产型良种繁育基地1万亩，在日喀则市白朗县布局建设高产型良种繁育基地2万亩，在日喀则市拉孜县建立早熟丰产型良种繁育基地1万亩，在昌都市洛隆县建设丰产早熟型良种繁育基地1万亩，逐步形成5大种子生产基地。同时建设冬青稞、春青稞、高寒早熟青稞、优质饲草型青稞等4条产业带。

西藏自治区产业发展计划指出，2024年自治区针对粮食安全责任开展了考核制，在2023年的种植生产基础上将实施粮油作物大面积单产提升行动，以粮食生产功能区为重点，大力开展绿色高产高效创建示范，持续强化120万亩青稞标准化生产基地建设，建立万亩、千亩、百亩高产示范田共200个，力争示范区比大田平均增产4%以上，大面积单产整体均有所提高；建立健全自治区、地市、县（区）三级高标准农田建设体系，加快高标准农田项目建设进度，建设高标准农田20万亩，并重点做强青稞食品产业链，开发青稞新型产业链，拓展青稞酒产业链。山南、昌都等地颁布实施了多个企业扶持政策，有力推进了青稞产业对当地经济的辐射发展。

西藏种子商品化、市场化程度相对较低，但仍实行青稞良种统繁统供、政府包供的种业政策，市场化体系相对滞后，导致良种推广严重依赖政府推动，未能充分发挥种植户的主观能动性，导致其非政府免费加补贴供种就不选用良种、根据品种前期表现和种植偏好自留种导致品种混杂退化、新型生产技术模式推广缓慢等问题较为突出，不利于新品种的升级换代和快速推广应用，未能有效发挥市场对资源配置的基础性作用。

二、加工现状

青稞产业是西藏农业最具特色的产业，西藏各级农业农村部门坚持"稳粮、兴牧、强特色"的工作要求，深入实施"藏粮于地、藏粮于技"战略，全力推动青稞产业高质量发展。2023年，青稞产量达到84.36万吨，西藏农副食品加工业增长43.10%，食品制造业增长28.70%。围绕青稞产业积极推进"生产+科技+营销"全产业链发展，目前以青稞加工为主的市级及以上农牧业产业化龙头企业达到37家，精深加工产品4大类80多个品种，加工企业品牌60多个，年加工量达15万吨以上，青稞加工转化率在18%左右。为了促进青稞等农产品加工产业的发展，青稞产业发展区企业及当地政府主导积极申报农产品地理标志保护，西藏地理标志保护产品专用标志使用企业和产品目录如表3-1和表3-2所示。

表3-1　西藏自治区地理标志保护产品专用标志使用企业名录（2022年4月19日）

序号	产品名称	使用企业名称
1	古荣糌粑	西藏拉萨堆龙古荣朗孜糌粑有限公司
2	古荣糌粑	西藏拉萨堆龙古荣巴热糌粑有限公司

表3-2　西藏自治区获批地理标志保护产品目录

序号	名称	管理单位	发布公告
1	隆子黑青稞	隆子县人民政府	2014年第136号
2	古荣糌粑	堆龙区人民政府	2014年第136号
3	隆子黑青稞糌粑	隆子县人民政府	2015年第24号
4	洛隆糌粑	洛隆县人民政府	2016年第128号

注：表3-1、表3-2中数据来源于西藏自治区知识产权局。

三、存在问题

西藏青稞种植及产业发展起步较晚，青稞消费主要包括以下几种形式：第一，作为藏区农牧民的主粮；第二，青稞籽粒及其秸秆作为牲畜的养殖饲草料；第三，青稞是酿造青稞酒、农产品加工的主要原料。青稞产业发展除消费结构偏传统外，加工产业在发展过程中存在专业人才短缺、企业本土化程度低、科研能力不足等问题。在青稞消费市场逐渐热化的基础上，产品的种类及低质化现象突出，严重制约青稞产业的发展。

（一）产业发展基础弱

西藏青稞产业发展在从传统向产业化转变过程中，受地力等自然条件所限，加之科技支撑力量弱，包括种养机械化水平低，专用良种与企业配套不成熟；同时精深加工起步晚，体系人才薄弱，企业高质量青稞产品研发较少，因此产业发展提升过渡时间长，发力不足。需要因地制宜，统筹规划，科学设置各区域产业空间布局和发展重点，配套科研和产业园。

（二）代加工产业占主流，自生产体系未形成

西藏本地产业被快节奏的市场所推动，内生动力跨度大，但品牌意识不强，缺乏有效组织和沉淀力，青稞走出去是以"出去回来，再出去"的形式运行，内地代加工现象成主流，代加工过程使青稞概念被打折严重，不利于西藏青稞产品价值赋能。鉴于此，需充分发挥市场在资源配置中的基础性作用，推进差异化、特色化发展，发挥青稞产业核心的关键作用，建设青稞产业带，把资源优势转化为产业优势、经济优势。壮大新型经营主体，推动青稞产品初加工与精深加工协调发展。建立健全青稞产品加工业科技研发体系，促进技术创新、管理创新、品牌创新、业态创新，提升质量效益和竞争力，推动产业加快转型升级。

四、发展方向

在高产量、高质量的保障下，"西藏青稞"品牌的培育势在必行。如今入选

国家2022年农业品牌精品培育计划,对西藏青稞而言无疑是一次新的机遇与挑战。接下来,西藏还需要专注品质提升,持续开展数十年如一日的种质选育;深入推广现代化农业,改善种植、管理技术;拓宽视野、充分开展市场调研,研发出更多受消费者青睐的产品。紧抓新机遇,让西藏青稞品牌不断做大做强,焕发出新价值,成长为更大产业。

完善绿色农业标准体系,加强绿色食品、有机农产品和地理标志农产品认证管理,西藏农产品在逐步靠拢,但是数量还是较低。下一步将加大申报,狠抓农产品标准化生产、品牌创建、质量安全监管,推动优胜劣汰、质量兴农,促进西藏青稞产业的长效发展。

第二节 青海省青稞产业发展现状

青海省近年来建成国家农作物原种场、国家救灾备荒种子储备库、青稞良种繁殖基地、麦类作物原种繁育基地等种子工程项目,大大改善了青海省的种子检测、加工、生产等基础设施条件,全省新建种子检测用房2500平方米,新建仓储设施5000平方米,晒场10000平方米。增强了青稞种业体系的整体实力,提高了种子质量以及商品率和良种普及率,种子对农业增产的贡献率达到40%以上。

一、种植现状

青海省是我国青稞种植面积仅次于西藏自治区的省份,主产县重点分布在海南藏族自治州共和县、贵南县、贵德县、兴海县、同德县,海北藏族自治州门源县、海晏县、刚察县、祁连县,玉树藏族自治州囊谦县,海西蒙古族藏族自治州都兰县。初步形成以品种选育为核心,包括栽培技术、加工技术在内的全产业链研究体系,育种方向涵盖高产粮用、粮饲兼用、加工专用等多用途方向,育成和主推品种有高产粮用品种昆仑15号,粮草双高品种昆仑14号、北青9号,黑色加工专用品种昆仑17号等。不同区域种植情况如下。

（一）海南州共和县地区

海南州是青海省青稞种植面积最大的州，属高寒台地青稞区，约1/3耕地有灌溉条件，海拔跨度2800—3400米，常年种植面积约60万亩，平均单产350千克/亩，总产约21万吨，被农业农村部认定为第二批国家区域性青稞良种繁育基地。一年一季，一般与油菜、蚕豆或马铃薯进行轮作，主推中（早）熟、中秆、高产、抗倒伏型品种，主推品种为柴青1号、昆仑15号、昆仑14号等白粒型品种和少量昆仑17号黑粒加工专用型品种。种植技术主要采用精细整地、合理水肥、精量播种、合理密植、全程机械化除草、联合收获等高效生产技术。

（二）海北州门源县地区

位于青藏高原北部，门源县生产的青稞籽粒呈椭圆形，颗粒饱满、均匀，千粒重高，具有良好种子外观，是生产青稞制品优质原料基地。作为青海省青稞第二大产区，属高寒旱作阴湿区，海拔跨度2700—3200米，常年种植面积约25万亩，平均单产200千克/亩，总产约5万吨。门源青稞属全国农产品地理标志产品。一年一季，一般与白菜型小油菜进行轮作，主推早熟、粮草双高、抗寒耐低温和抗倒伏型品种，主推品种为昆仑14号（白粒）、北青8号（白粒）、甘青4号（蓝粒）、肚里黄（蓝粒）等品种。种植技术主要采用全程机械化精细整地、土壤处理、均衡施肥、精量播种、苗期管理（病虫草害防控、追肥、叶面肥喷施）和联合收获等高效生产技术。

（三）玉树州囊谦县地区

囊谦县属典型高寒山地青稞区，海拔跨度3500—4000米，常年种植面积15万亩左右，平均单产150千克/亩，总产约2.25万吨。囊谦黑青稞为当地特色农产品，一年一季，因气候条件限制，一般采用休耕不采用轮作，主推特早熟、粮草双高、耐贫瘠、抗寒耐低温、抗倒伏型品种，主推品种为北青4号、昆仑14号和囊谦黑青稞（地方品种）。种植技术落后，一般采用人工撒播技术，大部分地区不开展化控技术。

（四）海西州都兰县地区

都兰县属柴达木盆地干旱荒漠绿洲农业灌溉区，海拔跨度2600—3200米，常年青稞种植面积10万亩左右，属全国青稞单产最高地区，平均单产450千克/亩左右，总产约4.5万吨，是青海省农作物优质良种繁育基地。一年一季，一般与油菜、马铃薯、小麦、藜麦等进行轮作，主推中（早）熟、中秆、高产、抗倒伏型品种，主推柴青1号和昆仑15号籽粒高产品种，种植技术主要采用全程机械化精细整地、土壤处理、均衡施肥、精量播种、苗期管理（病虫草害防控、追肥、叶面肥喷施、适时灌溉）和联合收获等高效生产技术。

（五）贵德县、兴海县、同德县、祁连县、贵南县、刚察县等地区

以上6个县属青海省小块青稞种植区，常年合计种植面积10万亩左右，因地域跨度较大，平均单产为200—300千克/亩。均为一年一季，一般可参与轮作的作物有油菜、马铃薯、蚕豆等，主推品种为近年来选育的柴青1号、昆仑14号、昆仑15号、昆仑18号等新品种，种植技术基本实现全程机械化，生产技术较高效。

二、加工现状

青海拥有在青藏高原的区位优势和光照强、降雨少、病虫危害轻等自然条件优势，使得青海省成为辐射整个涉藏地区的商品青稞生产基地。产区集中、单产高、商品品质好、商品青稞价格在涉藏地区中最低，生产的青稞除供应本省外，还销往甘肃、西藏、四川等省区，最远可达云南省迪庆州，商品率高达83%，在全国涉藏地区居于前列，市场需求强劲。随着乡村振兴战略的深入推进，青海省大力夯实青稞加工业基础，主要青稞加工企业58家，其中规模以上企业30家，青稞加工转化率达到60%，比其他省区高40%以上，是涉藏地区青稞加工转化率最高的省份。截至2023年，青海省青稞产品种类涉及酒类、食品类和高端保健产品等多个品种。青稞加工业已上升为乡村振兴、开发营养保健类产品的朝阳产业。

三、存在问题

青稞种植分散，在不同的地区单产差异较大。虽然近年来产品开发和基础研究有所提升，但是内销不足，由于价格因素，也是很多外省青稞加工用原料来源。因此商品率高的背后，附加值较低，不利于该产业的综合发展。

四、发展方向

"十四五"期间，以"青海青稞·健康天下"为目标，扩大优质高效生产规模，推动技术创新突破，调整优化生产布局，加快建立青稞加工业标准体系，将青海省建成全国最大的绿色有机青稞产品输出地。

（一）提高产量与品质

进一步巩固青稞作为涉藏地区粮食安全基础的地位，强化科技支撑，以优良品种为基础，以丰产栽培技术为关键，以"良种良法"配套为核心，以农田基本建设为保障，在促进青稞种植面积进一步扩大的基础上，进一步提升青稞产量和品质，稳步提高青稞的供给能力，巩固青稞作为涉藏地区主粮的地位，确保涉藏地区农牧民的粮食安全。

（二）挖掘青稞的多用途功能，促进青稞产业提质增效

充分挖掘青稞作为粮饲兼用作物和优质加工原料方面的作用，构建高寒区"农牧生（态）相互促进""种养加协同发展""耕地用养结合"的高效循环农业模式，助力"一优两高"战略和"绿色有机农畜产品输出地建设"规划的实施。

（三）形成产业布局

依托东部地区、泛共和盆地、柴达木盆地绿洲地区和青南高原农牧交错区四大主产区，形成一个中心、三点辐射的布局框架。一个中心：东部地区产业基地，包括西宁大通、湟源二县和海东地区的互助、化隆二县。重点布局青稞产业技术研发与精深加工，开展青稞基础研究、生产加工技术研发、集成、孵化、示范和辐射，集中布局大数据管理、仓储物流和精深加工企业，建成全国

最大的青稞产品研发、集散及加工中心，重点在大通县和互助县建立国家级、省级青稞产业园。三点：一是泛共和盆地产业基地，包括海北州的门源、祁连、海晏三县；海南藏族自治州的共和、同德、贵南三县。重点布局青稞初加工区，兼顾良种繁育，建成重要的青稞初加工基地和生态畜牧业补饲基地，重点在门源县、贵南县建立国家级、省级青稞产业园。二是柴达木盆地绿洲地区产业基地，主要包括香日德、德令哈2个农场。重点布局集优质加工原料生产和产地初加工为一体的综合生产体。三是青南高原农牧交错区产业基地，包括玉树藏族自治州的玉树、囊谦、称多县，黄南州的同仁、尖扎县，重点布局彩色青稞（黑青稞、紫青稞、蓝青稞）专用加工原料生产基地，建成重要的优质专用加工原料基地和生态畜牧业补饲基地。

第三节　甘肃省青稞产业发展现状

2022年，甘肃省《"十四五"推进农业农村现代化规划》提出以甘南州所属各市县和天祝县、山丹县为中心，建立青稞生产基地。青稞主要分布在甘南州、天祝藏族自治县、山丹县山丹军马场及沿祁连山高海拔地区。

一、种植现状

（一）甘南藏族自治州地区

甘南州是全国10个藏族自治州之一，是甘肃省青稞主产区。青稞因早熟、耐寒、耐瘠、抗逆性强等特点成为适宜甘南州高海拔地区生长发育的优势作物，主要分布在合作、夏河、临潭、卓尼、迭部、碌曲、舟曲7个县市。2023年甘南州青稞播种面积28.4万亩，产量4.5万吨，平均亩产158.5千克，占全州粮食作物播种面积的39.3%，占粮食产量的35.3%，在全州粮食安全中起着重要作用。

2023年临潭县青稞种植面积5.44万亩，产量0.88万吨，平均亩产161.8千克，主要种植乡镇以城关、卓洛、古战、长川、羊永、流顺、新城、三岔、店子为主。卓尼县青稞种植面积6.02万亩，产量0.83万吨，平均亩产137.9千克，主要种植乡镇以完冒镇、阿子滩镇、申藏镇、喀尔钦镇、扎古录镇、木耳镇、纳浪镇、柳林镇、刀告乡、恰盖乡、康多乡、勺哇乡、洮砚镇、藏巴镇为主。碌曲县青稞种植面积1.82万亩，产量0.27万吨，平均亩产148.4千克，主要种植乡镇以双岔、阿拉为主。夏河县青稞播种面积6.24万亩，总产1.24万吨，平均亩产198.7千克，主要种植乡镇以阿木去乎镇、吉仓乡、唐尕昂乡、桑科镇为主。合作市青稞种植面积6.4万亩，产量0.83万吨，平均亩产129.7千克，主要种植乡镇以勒秀镇、卡加曼乡、卡加道乡为主。舟曲青稞种植面积0.92万亩，产量0.2万吨，平均亩产217.4千克，青稞种植主要分布在曲告纳、博峪、拱坝、插岗、八楞5个乡镇。迭部县青稞播种面积1.56万亩，总产0.25万吨，平均亩产160.3千克，主要种植乡镇以卡坝、旺藏、尼傲、桑坝为主。

结合甘南州青稞产业发展，青稞新品种选育目标调整为：一是选育粮草兼用青稞新品种，为进一步提升全州粮食安全和生态畜牧业补饲饲料的保障能力提供品种支撑。二是选育专用特用青稞品种，为满足青稞专用特用新消费需求提供品种支撑。2023年全州青稞良种覆盖率达到97%，其中自主选育品种甘青及黄青系列播种面积25.5万亩，占比达到90%以上。2023年在卓尼县、碌曲县等建立青稞原原种繁育基地330亩、原种繁育基地2300亩、良种繁育基地5.5万亩，通过机播机收、抽杂保纯、病虫草害绿色防控技术集成应用等，有效保障品种纯度，充分发挥良种增产潜力，提高良种覆盖率，促进青稞良种繁育的标准化、规模化，确保全州粮食种业安全。

（二）天祝藏族自治县地区

截至2023年底，天祝藏族自治县青稞种植面积4万亩，主要分布在高海拔区的安远镇、哈溪镇、大红沟镇、朵什镇、抓喜秀龙镇、赛什斯镇、打柴沟镇、石门镇、西大滩镇、松山镇、华藏寺镇，主要种植品种为昆仑14号、北青4号、陇青1号。目前，天祝藏族自治县生产加工企业有天祝瑞兴合裕农生物科技有限公司、天祝藏酒酒业有限公司，加工小作坊10多家。现有技术推广单位两个，分别为天祝藏族自治县农业技术推广中心和天祝县种业中心，承担着种质资源保护、良种繁育、基地建设、试验示范研究、技术推广等工作。近年来，天祝瑞兴合裕农生物科技有限公司与甘肃省农科院合作开展长芒多棱黑青稞——陇青4号、勾芒多棱黑青稞——陇青5号、高蛋白质二棱青稞——陇青6号、高β-葡聚糖二棱青稞——陇青7号试验示范及加工工艺的研究，为青稞在天祝高质量发展提供技术及售后保障。

（三）山丹县地区

目前，山丹县青稞种植面积3万多亩，主要分布在山丹军马场三场、四场，大马营镇、霍城镇等沿祁连山高海拔区，种植品种主要为陇青1号。2023年，山丹军马场三场、甘肃省农科院经济作物与啤酒原料研究所签订协议开展勾芒多棱黑青稞——陇青5号、高蛋白质二棱青稞——陇青6号、高β-葡聚糖二棱青稞——陇青7号试验示范和原原种繁育、良种繁育基地建设，有效保障了品种纯度，促进了青稞生产的标准化、规模化。

二、加工现状

目前甘南州有青稞产品加工企业（合作社）50余家，青稞产品的开发以青稞酒为主，此外还有青稞糌粑、青稞炒面、青稞挂面、青稞麦片、青稞点心等特色青稞产品，已打造"扎尕那""老青稞""洮渊紫""藏王贡""云端羚城""品味羚城"等品牌。甘南藏族自治州扎尕那青稞酒业有限公司投资5000余万元，年产青稞酒350吨，年青稞消耗量600吨，产值800余万元，随着政府投资市场的优化和对青稞产业的重视，其经营规模迅速壮大。目前，全州乡村旅游效应已初见成效，青稞酒、青稞炒面、青稞麦片等加工产品市场知名度不断提升，有利于农牧民增收致富，促进一二三产业融合发展。

三、存在问题

风险防控能力弱，科技辨识能力低，产业链条的搭建不紧密，上下游容易断代，技术和产品定位不清晰导致在与西藏加工企业寻求科技合作时，存在合作方向不清晰的问题；在监管方面缺乏有效的节管机制，重数量轻质量，产品质量科技赋予水平较低，没有掌握核心，因此面临市场压力时往往需要政策性辅助。

四、发展方向

提升青稞原料的专用品种选育，加强健康产品开发，依托营养健康角度，从功能成分研究出发整合优势资源，引领带动青稞品质功能化发展，并采用先进的工艺技术对青稞开展精深加工，从而提升其附加值。

第四节　四川省青稞产业发展现状

一、种植现状

围绕青稞优势特色产业，四川省青稞种植区域及产业集中于甘孜州与阿坝州，其中，甘孜州是四川最大的青稞生产区，全州青稞种植面积约50万亩，总产10余万吨，青稞良种覆盖率达98%以上，年产值4.5亿元。阿坝州阿坝县青稞种植面积达6万余亩，产量8000余吨。川西高原地区的粮食安全就是青稞安全，随着乡村振兴战略的深入推进，青稞良种供应和多元产品研发进入新阶段。

二、加工现状

甘孜州和阿坝州多年来受到地理环境、交通、经济发展等因素的影响，青稞产品多为初级加工产品，如青稞面、青稞粉、青稞糌粑等，这些产品普遍存在品类少、档次低、包装差、产品更新换代慢等问题，产品结构不能完全适应市场需求变化、附加值低，致使产品缺乏市场竞争力。但近年来伴随着政府对青稞加工的重视与扶持、科研院所与企业联合探索创新，青稞加工产品的种类逐渐丰富，结构日益优化。目前在当地各大超市可见到青稞麸皮茶、青稞奶茶、青稞沙琪玛、青稞饼干、黑青稞酒、藏白酒、青稞麦片、青稞麦绿素、青稞酸奶、青稞速食面和青稞甜醅等产品，深受消费者的青睐，市场需求强劲，极具开发价值，不仅提升了青稞的附加值，也推动了青稞产业的多元化发展。

甘孜州着力培育龙头企业、农民专业合作社、集体农场和家庭农场，积极探索利益联系机制，助力农民增收，省级龙头企业2家、农民专业合作社77家（个）。截至2023年，全州食品饮料加工企业133家，其中青稞加工企业17家，占比12.8%；全州食品饮料加工总产值7.15亿元，其中青稞加工业总产值0.71亿元，占比9.9%。此外，甘孜县投资4.5亿元建成格萨尔青稞文化产业园，引进上海贝玛食品有限公司，截至2023年6月，已建成标准化生产线3条，开发青稞饼干、青稞茶、青稞面等青稞产品，青稞熟粉年产量达4800吨，青稞饼干年产量达1.8万盒。依托对口支援帮扶平台，在浙江台州市路桥区和成都市龙泉驿区设置"对口帮扶农产品直营店"，并通过淘宝、抖音等直播平台带货，青稞产品完成销售额700余万元。

2022年阿坝青稞加工企业51家，青稞制品销售48家，其中阿坝县高原黑青稞天然生物开发有限公司、若尔盖县多尔玛藏族食品有限责任公司、阿坝州青稞地农业发展有限责任公司被认定为2020—2021年度农业产业化州级重点龙头企业。此外，阿坝县县政府大力培育托岗黑青稞、青源青稞业等龙头企业，着力延伸青稞产业链，已研发生产黑青稞饼、青稞奶茶等青稞系列产品37个，获得青稞有机产品认证22个，通过线上线下销售、消费扶贫等方式，远销浙江、北京、上海等地。

三、存在问题

（一）企业引领作用弱

一是阿坝州和甘孜州青稞加工企业主要以个体作坊和小型企业为主，大型龙头企业较少；二是这些小型企业和作坊往往缺乏先进的加工技术和设备，更缺乏具有新产品研发能力的先进技术和人才团队，导致产品质量和附加值难以提升，由于规模较小，它们在市场开拓和品牌建设方面也存在一定的困难；三是缺乏高端产品，目前已有产品大多为糌粑、青稞面、青稞糕点、青稞饮料等低端产品，这些产品普遍附加值低。

（二）产品开发能力低

据统计，甘孜州49家获证特色农牧产品生产加工企业，其中只有3家有自己的研发室，但并没有具有相应产品研发能力的科研人员，因而并不具备开发新产品的能力，这是甘孜州特色农牧产品加工企业产品单一的原因之一；同时，与科研院校合作的企业只有2家。产品的更新换代慢，产品不具备较高的附加值与竞争力。从目前来看，全州食品生产加工企业普遍存在设施设备简陋、工艺简单机械化程度低。全州3家糌粑生产企业生产环境和设备都十分简陋。青稞糌粑整个制作工艺非常传统，整个工艺是青稞炒制—磨粉—杀菌—包装，特别值得一提的是采用传统的水磨磨粉使得产品的口感细腻、味道纯正传统。但因简陋的生产环境和采用简单的紫外灯杀菌，杀菌效果不能达到预期效果，在被抽样检测中有多次发生微生物指标菌落总数超标的情形，加工技术的更新迫在眉睫。

四、发展方向

在产业支撑方面，青稞产业得到了多方面的支持。但是面对市场竞争和产业化过程中制约发展的各方面因素，如何综合提升青稞产业前景，一是对政策扶持与财政支持的需求继续加大，包括项目扶持、财政补贴、税收优惠、无息贷款等措施，可有效减轻企业负担，促进产业的健康发展。二是增强科技创新与技术支持，通过引进先进的种植技术、加工技术和设备，提高青稞产业的科技含量和竞争力，同时加强与科研机构的合作，开展青稞种质资源研究、标准化栽培、产品加工创新等方面的工作。三是提升青稞产业的规模化、标准化和现代化，通过建设青稞高产示范田、现代农业园，推广优质青稞品种、提升种植技术，强化示范带动效应，提高青稞的产量和质量。四是完善产业链与品牌建设，通过建设青稞现代农业园区、培育龙头企业、发展青稞深加工等方式，形成集种植、加工、销售于一体的产业链。

第五节　云南省青稞产业发展现状

一、种植现状

2023年云南青稞种植面积14.5万亩，其中迪庆州约占50%。青稞是迪庆涉藏地区农牧民的主要粮食和饲料作物，也是酿酒和特色食品加工的主要原料。迪庆州青稞栽培历史悠久，青稞作为迪庆州高原特色传统作物，冬青稞主要种植于海拔1480—2600米的金沙江、澜沧江河谷地区，主推品种为云青2号、迪青3号、迪青6号等，该区域生产的青稞产量高、品质好，是迪庆州商品青稞主产区；春青稞主要种植于海拔2600—3400米的高原地区，主推品种有迪青1号、迪青2号等，该地区生产的青稞主要作为农牧民基本口粮、畜牧业饲用、民族风俗及宗教用品原料。2023年，全州青稞种植面积8万亩，实现综合产值2.65亿元，其中农业产值0.62亿元，工业产值2.03亿元；青稞科技进步贡献率达到55%，耕种收综合机械化率达到45%以上。主要种植区域面积依次为迪庆、丽江、怒江、昆明。

迪庆州不断完善农业基础设施，改善青稞生产条件，强化科技支撑，进一步加大良种、良法、良技、良机示范推广力度，规范栽培技术，提高单产、增加总产，青稞种植效益不断提升；扶持青稞加工龙头企业，提升青稞精深加工水平，构建完整的青稞产业技术体系、经营体系、产业体系，促进了产业提质增效和高质量发展。2023年，迪庆州青稞种植面积6.63万亩，总产量1.29万吨，平均单产194.57千克/亩，占全年粮食作物总播种面积的10.2%，占全年粮食作物总产量的7.57%；青稞收购价4—5元/千克，实现青稞产业农业产值3534万元，同比增长5.9%，为民族地区粮食安全、社会和谐稳定、助推乡村振兴做出了积极的贡献。

二、加工现状

随着青稞产业的发展，迪庆州从事青稞加工、收购流通的企业逐年增多，全州规模以上的青稞加工企业有11家，以家庭作坊式生产的小企业达百余家。随着香格里拉酒业股份有限公司、香格里拉藏雄青稞食品有限公司等为龙头的青稞加工企业不断发展壮大，"8000杯/h白酒灌装设备""8000碗/h碗装酒生产设备""年产7000吨青稞面粉生产线""年产2400吨青稞面条生产线""20000个/h鲜花饼、糕点烘焙食品生产线"等相继投产，带动了青稞加工业发展，使青稞加工形成以饮品（青稞干红、青稞干白、青稞白酒、青稞精酿啤酒、青稞低度酒、青稞威士忌等）、食品（青稞糌粑、青稞面条、青稞自发粉、青稞面包、青稞饼干、青稞花、青稞月饼等）为主的系列开发。打造了"藏秘""香一处""香格里拉""藏雄"等知名品牌，特别是香格里拉精酿啤酒，2016年获得"欧洲啤酒之星"大赛银奖，是中国啤酒迄今为止获得的最高奖项；2023年，"香格里拉"品牌和企业入选云南"绿色云品"品牌目录企业和产品品牌名单。

三、存在问题

（一）农业生态环境和基础设施薄弱，生产能力较低

云南青稞生产主要分布在山区和高寒坝区，立体气候显著、自然灾害频繁；农业基础设施薄弱，土地贫瘠、高稳产农田比例低、水利化程度低，春青稞产区仍然处于"雨养农业"状态，农业综合生产能力低，抵御自然灾害能力弱，青稞产量低而不稳。

（二）科技对产业支撑、贡献率低

青稞生产科研力量薄弱，农业科技投入、科技创新、提质增效生产技术集成不足，科技对产业支撑、贡献率低。青稞育种以传统方式为主，周期长、效率低，良种繁育推广体系不完备，良种良法配套不足，不能充分发挥新品种增产潜力；在青稞新品种培育中，多注重产量性状的提高，而青稞在不同生态条件下

的粮饲兼用型、加工专用型等多元化品种方面研发不足,致使产量和品质远远不能满足加工企业及生产消费群体的需要,制约了青稞专用新品种的选育和开发利用。同时,由于历史文化等因素差异,农民科技意识不强,接受应用新技术的能力差,新品种、新技术示范推广难度大,科技成果覆盖率和转化率低。

(三)精深加工滞后、产业化程度低

随着青稞产业的迅速发展,带动了青稞加工业发展,但产业化总体水平不高,龙头企业"小、散、弱",缺乏专业的研发加工技术人才、资金和技术,抗御风险能力弱,其生产、经营和销售受地域限制大,市场竞争力弱;青稞加工主要以初级加工为主,加工产品种类少、同质化现象突出、无高附加值的精深加工,青稞加工创新能力不足、产品科技含量低、加工转化率低;品牌建设滞后,缺少独创的名牌产品,产业链条短,经济效益低,对农户的辐射带动作用有限,企业对地方经济的拉动能力也不强。

四、发展方向

充分发挥青稞健康粮食、功能食品、饲草饲料、酒业原料、观赏编造、中药材六位一体综合利用优势,按照"区域化布局,良种化生产,产加销一体化服务,产业化经营"的发展战略,以资源优势为依托,以市场需求为导向,以经济效益为中心,以科技措施为保障,以各级支持涉藏地区发展为契机,扩大青稞种植区域面积,提高加工能力和水平,提升品质和质量,走市场引导企业,企业形成龙头—龙头带动基地—基地联结农户的路子,把区域自然优势转变为产业优势和特色经济优势,加快推进云南青稞产业标准化、规模化、品牌化发展。

(一)优化布局、提高效益

根据云南自然生态禀赋、农业耕作特点,建设形成冬青稞主产区和春青稞主产区两个青稞生产区域,集中投入,综合改造,形成集中连片、高产稳产的青稞生产基地。冬青稞主产区为一年两熟的河谷地区,按照"科研+公司+基地+农户"等模式进行生产,壮大产地知名品牌,实现一二三产业融合发展,打

造优质青稞商品粮主产区，促进农业增产、农民增收、产业增效；春青稞主产区为高原坝区，在保证涉藏地区口粮安全的基础上，逐步发展春青稞商品粮生产。

（二）依靠科技，挖掘潜力

强化科技支撑，加快推广良种良法和先进适用的提质增效生产技术，改善农田基础设施及装备条件，提升青稞生产的规模化、机械化和标准化水平，提高水资源、耕地、肥料等的利用率。加强科技人才队伍建设和农技推广体系建设，提高劳动者科技素质和生产技能水平，全面提高青稞生产技术研究能力、技术推广水平、青稞种植水平、青稞产品研发能力。充分挖掘青稞增产潜力，着力提高青稞单产水平、青稞品质，稳步提升青稞综合生产能力。

（三）加快青稞加工技术创新

充分发挥龙头企业的引领、带动作用，引进和培育、扶持龙头企业，进行科技成果转化及系列功能产品研发加工。引导龙头企业加快结构调整、技术与体制创新，提升企业的研发能力、生产能力、市场拓展能力，增强龙头企业对青稞生产及农户的带动能力，形成一批具有示范引领和带动作用的青稞龙头企业，推动青稞产业化经营。提升青稞精深加工水平，指导加工龙头企业构建完整的青稞产业生产体系、经营体系、产业体系，扶持企业上规模、上档次，向多品种、系列化、精深加工方向发展，开发适合市场需求的中高档食饮品，满足多样化市场需求，促进迪庆州青稞产业链向中高端延伸。

（四）产业融合发展

青稞作为农牧交错区的主要作物，籽粒、青苗和秸秆都是优质的饲料。青稞饲料是青稞消费的一个重要用途，近年来，随着云南高原特色畜牧业的发展，青稞饲用消费的比重正在不断提高；从各产区自然生态禀赋和农业耕作特点出发，因地制宜地开展种养结合、种养加协同等多产业融合发展。补齐青稞产业链短板，促进全链条提升、全产业融合，实现青稞产业高质量可持续发展。

第四章

青稞产业发展重点企业

青稞生产的稳定和发展关系到青藏高原地区群众的温饱与致富，而大力发展青稞加工业，延伸产业链、提高附加值，是实现产业兴旺、生活富裕的有效路径。通过科技赋能，青稞正以一种新的身份出现在人们的视野中。然而要想成功"晋升"，仍有很长的路要走。

大力发展青稞精深加工，促进产学研相结合、政企民三位一体，推动青稞产业化经营。随着科研机构对青稞营养保健功能的深入挖掘研究，消费者对青稞的营养价值有了更深入的了解。缜密的科学研究、翔实而全面的数据，是对青稞营养价值最好的宣传。结合"健康中国"建设，加强对青稞产品市场定位研究，充分挖掘青稞食品保健价值，鼓励企业开展高端保健食品研发。打开广阔市场，研发多层次产品，努力提升口感，满足消费者日常休闲和旅游市场消费需求，推进一二三产业有机融合。

第一节　西藏自治区重点企业

一、西藏奇正青稞健康科技有限公司

（一）企业简介

西藏奇正青稞健康科技有限公司成立于2007年8月31日，注册资本7500万元，现有员工70多人。主营西藏青稞及特色谷物系列产品，是一家集研发、种植、加工、销售于一体的产业化企业。

公司致力于西藏青稞及特色谷物的特色成分、保健功能、产业应用的研究和技术开发，采用国际先进的谷物加工技术，进行综合精深加工转化，形成深加工系列产品，为血糖、血脂、尿酸、体重等异常人群提供健康饮食管理解决方案。建立了体系化的创新研发制度和流程，坚持以自主创新研发为主，市场需求牵引研发方向、技术保护和专利保护并行，核心生产技术具有创新性，并获得专利保护。先后申请发明专利60余项，已获得国家发明专利证书29项。

该公司注重规范化、标准化制度的建设、完善和运行，打造具有奇正特色的企业管理理念，致力于开拓市场、品牌打造，通过了食品安全管理体系认证（ISO 22000）、环境管理体系认证（ISO 14001）、职业健康安全管理体系认证（QHSAS 18001）、质量管理体系认证（ISO 9001）。在拉萨林周县、林芝察隅县、拉萨曲水县建立了有机青稞、鸡爪谷种植基地，并通过了中国有机认证；2016年，珠峰天米和鸡爪谷粉成为首批西藏自治区"国家生态原产地产品保护"品种，取得了生态原产地保护认证；2021年以来，青稞脆片、青稞米饭、青稞珍珠米、青稞黄精米饭、青稞米、低GI青稞饼干6个产品通过低GI食品认证。

该公司近些年获得荣誉如下：获得全国优秀质量管理小组证书（2022）；珠峰天米（青稞米）获得第九届中国国际有机食品博览会暨Bio Fach China 2015产品金奖；珠峰天米（青稞米）获得2017年全国糖酒会优秀奖。

目前建成食品加工生产线9条，有9类SC食品生产许可证，有11类注册商标，同时获得集团公司400个商标的全范围使用授权。

（二）经营模式

作为西藏农牧产业化龙头企业，该公司引领西藏青稞产业发展，专注青稞种植、产品研发、生产加工、产品销售"一体化"发展，采取"公司+基地+合作社+农户"的产业化经营模式和"产品差异化"的发展战略路径，充分利用西藏青稞膳食纤维、β-葡聚糖含量高，结合大米、小麦面粉和其他特殊营养成分，优化健康膳食结构，开发特殊人群的专供食品。

1. 扩大种植基地建设，确保产品质量和原料供应

公司建成10万亩种植基地，在拉萨市曲水、林周，山南、察隅、日喀则等地开展青稞订单种植业务。原材料主要来自西藏拉萨及日喀则等地区，采取"种植基地+农户+合作社"的稳定供给方式，以高于市场价的报价提前一年与农户签订协议，产粮季以高于市场价进行现款收购。一方面保证了青稞原料粮的质量稳定，另一方面帮助了更多农户增收致富。

2.充分发挥技术优势和规模优势，提高竞争力

西藏奇正青稞健康科技有限公司是西藏青稞产业协会的会长单位，同时被农业农村部认定为中国杂粮研发技术分中心。十多年来，制定了种植、研发、生产等标准30余项，引领了西藏青稞产业快速发展。引进国内外先进生产技术、设备和检验技术、设备，产品品质过硬。

3.加大全国市场开拓力度，多渠道扩大产品销售范围

目前，青稞产品的消费已经走向全国，越来越多的人认识到青稞产品的营养及健康价值，对其需求也不断增加。同时，互联网的发展也为青稞产品的宣传推广提供了便利。公司致力于加大全国市场开拓力度，利用媒体、展会、博览会、互联网等平台，多方式加大青稞产品宣传力度，多渠道扩大产品销售范围。策划了青稞系列产品的品牌——奇正青稞，并以此为统一宣传品牌，进行了《青稞纪录片》的拍摄，奇正青稞博物馆及体验餐厅项目已建设完成并投入使用。

4.精准化产品定位，最大限度挖掘青稞的增值潜力

公司一方面研发青稞大众化食品，对现代工艺升级优化，开发更多适合大众的食品，特别是营养价值高、具有保健功能的食品；另一方面研发适合糖尿病人、减肥群体等特殊人群食用的功能性食品，该类消费群体具有巨大的消费潜力，市场前景可观。

5.完善产业链和供应链，规模化达到降本增效

充分利用各方面资源，将青稞产业的种植、收购、加工、运输、销售、服务等环节串联，形成一条完整的青稞产业链，充分挖掘青稞食品的营养价值、药用价值，开展青稞新产品研究。通过渠道和供应链的聚焦和规模化，降低成本，提高效率。

（三）销售情况

1.目标市场定位

随着经济、交通等领域的快速发展，青稞出藏的运输以及加工等问题得到了明显改善，青稞及其产品被越来越多的消费者所熟知。依据不同产品类型、

销售渠道及用途，主要分为三类：原料粮、健康食品、功能性食品，结合奇正青稞的产品，见表4–1～4–3。

表4–1　奇正原料粮品种及市场定位

类别1	品种	规格	市场定位
原料粮	青稞米	240克/袋	小包装类产品 目标人群：糖尿病/高血脂人群 杂粮养生人群
		500克/袋	
		2.5千克/袋	
		25千克/袋	目标渠道：杂粮销售渠道、电商渠道 养生类渠道
	珠峰天米	1600克/盒	
	青稞粉	2.5千克/袋	大包装类产品 目标客户：大型食品企业 大型餐饮企业
		25千克/袋	
	青稞全麦粉	25千克/袋	目标渠道：直营销售

表4–2　奇正健康食品品种及市场定位

类别2	品种	规格	市场定位
健康食品	青稞麦绿挂面	500克/袋	目标人群：糖尿病/高血脂人群 饮食养生人群 目标渠道：食品快销渠道、电商渠道 养生类渠道
	青稞高纤粉	60克/盒	
	青稞水果脆片	200克/袋	
	青稞火锅面	220克/袋	
	青稞牛肉面	151克/盒	

表4–3　奇正功能性食品品种及市场定位

类别3	品种	规格	市场定位
功能性食品	青稞黄精茶	150克/袋	目标人群：糖尿病人群 目标渠道：养生渠道、药店渠道 医院渠道
	青稞脆片	180克/盒	
	青稞米饭	330克/盒	
	青稞珍珠米	180克/盒	
	青稞低GI饼干	288克/盒	
	青稞高纤饼干	288克/盒	

2. 营销策略

产品策略：依据青稞的自身营养特性，创新开发出适应内地人饮食习惯的产品，包括米、面粉、面条、面包等产品。同时，制成可以满足代餐、糖尿病等特殊人群的方便食品。

价格策略：西藏青稞具有天然、纯净、高营养成分的品质，但向内地市场运输成本较高。西藏青稞远离内地市场，产品定价采用中、高端定价策略。

渠道策略：产品销售渠道以产品目标消费者进行划分，根据公司现有3类不同产品，主要渠道策略如下：原料粮，大包装产品以工厂原料渠道、餐饮渠道为主要渠道；小包装产品以电商渠道为主要销售渠道。健康食品，主要销售渠道为电商渠道、新零售直播渠道、大卖场、大型商超。功能性食品，主要以养生渠道、医药连锁渠道为核心。

发展方向：2018年至今，已在全国设置3个销售专区。销售队伍组团参加各类行业展会，积累200多家客户，公司将依托客户及零售终端在未来实现青稞系列产品销售的持续增长。

二、西藏春光食品有限公司

（一）企业简介

西藏春光食品有限公司成立于2004年7月，位于达孜区工业园区，是西藏地区较早涉及研发青稞食品加工的农牧产业化的民营企业。公司始终以"为西藏人民造福，为全国人民送健康"为发展理念，通过企业自身不懈努力，先后研制开发了青稞系列产品生产线，产品投入市场后，获得了良好的社会经济效益。目前有员工56名，其中管理和技术骨干14人，普通员工42人，其中20名为精准扶贫对象。

该公司于2005年4月1日正式投产，累计收购青稞19263.81吨，以藏青320和藏青2000为主。2016年，扩大生产规模，公司自主开发和引进青稞香米生产线与青稞谷物早餐生产线。2020年，新建青稞烘焙系列食品生产线和酿造类生产线。

通过ISO 9001质量管理体系认证及HACCP安全生产管理认证,该公司2008年被西藏自治区科技厅认定为首批"科技型中小企业"。2008年、2011年、2014年被评为拉萨市龙头企业,多次被达孜区评为先进企业。2014年获得拉萨市科技进步奖二等奖。2020年获得拉萨市青稞特色食品工程研究中心称号;2021年被评为拉萨市农牧产业龙头企业、西藏自治区高新技术企业、自治区级龙头企业、区级绿色工厂。

公司始终把科研工作作为生产经营工作的重点,目前已研发青稞干吃片、青稞速食面条、青稞饼干、青稞香茶、青稞人造米、青稞麦绿素及苗粉、青稞月饼、青稞膨化食品等产品,青稞含量均在60%以上,甚至达到100%。目前,已经获得了15项专利证书。

(二)经营模式

公司自成立以来,逐步认识到现代化的食品加工企业必须有优良的原料基地,并且已形成"企业+基地+农户+市场"的经营模式。以发展西藏地区地域特色为重点,以带动农民致富、实现双赢为根本,将散户经营变为集约经营,将散户集中起来,建设标准化青稞种植基地。对种植基地和农户实行科学种植管理,为农户提供相关信息及采购生产、引进新品种、组织技术辅导和培训等服务,为农户解除后顾之忧,组成了"公司+专业基地+农户"的经济共同体,直接带动农户1000余户,间接带动农户4000余户,平均每户增收9500余元。解决当地21名农牧民的就业问题,提供季节性农牧民就业岗位27个,农牧民平均月工资为2500元。

1. 技术创新

注重技术创新,自2008年科技型中小企业认定以来,为了激发广大员工的科研创新能力,调动广大员工的积极性和创造性,以技术兴企,公司设立了科技创新奖奖励办法,注重对技术的开发投入,为技术创新和研究开发提供了资金保证。每年将公司销售收入的6%—8%作为技术开发资金,添置了必需的生产设备和检测仪器,确保了产品试验工作的顺利进行。

公司在绿色青稞食品开发行业有丰富的经验,积累了多名专业的技术人员，为青稞食品的持续创新提供了人才保证，同时公司非常重视产学研创新体系建设，与西藏自治区农产品开发与食品科学研究所进行长期合作，签订了"特色农产品加工技术与产品开发"项目合作研究协议。聘请了西藏自治区农牧科学院畜牧兽医研究所、四川省农业科学院作物研究所的多名专家作为公司技术顾问，解决了企业在绿色青稞食品开发及加工方面遇到的各种难题，保证了技术开发的创新性、先进性和领先性，大幅度提升了公司科技成果转化能力。

2. 品牌定位

雪域圣谷

2017年"雪域圣谷"被拉萨市工商局授予"拉萨市名牌产品"。"雪域圣谷"青稞香米是以西藏青稞元素作为公司的企业文化背景，生产青稞系列食品，改善饮食需求的文化品牌，"雪域圣谷"融入了新时代的文化价值和商业价值，开了现代西藏青稞品牌的先河。企业是西藏自治区乃至全国第一个以青稞为主要原料生产青稞麦片、青稞香米的企业。

2024年成功注册"雪域春光"品牌，主要生产啤酒、麦芽啤酒、大麦啤酒、麦芽汁（发酵后成啤酒）、矿泉水（饮料）、无酒精果汁、制作饮料用无酒精配料、纯净水（饮料）、碳酸水、苏打水等商品。

（三）销售情况

产品目前主要在西藏自治区、北京、广州、山东、深圳、福建厦门、浙江温州、宁波、青海西宁等市场销售，也曾出口到日本、韩国、尼泊尔。此外，公司积极与北京阿果安娜有限公司、四川林记食品、上海来伊份公司、西藏民航航空食品配送公司、西藏百益商贸集团有限公司等企业深化合作。

三、西藏康酒酒业有限公司

（一）公司简介

西藏康酒酒业有限公司成立于2023年，位于西藏自治区昌都市察雅县吉塘镇，是一家以从事酿酒、酒店、旅游为主的企业。毗邻214国道，离机场60公里，离市区40公里，交通便捷。借助青藏高原独特的地理优势和气候条件，充分利用青稞原料，首次推出"青稞酱香型白酒+酒旅结合"概念，打造集生产销售、文化旅游、酒店于一体的多功能酒旅园区，满足生产、就业、文化旅游内外输出的需求。

（二）经营模式

公司以提供高品质的产品和服务为宗旨，主要以高原青稞科技转化成果为基础，着力打造老百姓的口粮酒、商务宴请酒、馈赠亲友酒、旅游纪念酒，带动周边经济及当地农牧民就业。通过公司化运作、集约化发展、精细化管理、标准化建设，建成具有科学发展理念、持续创新活力、优秀企业文化、强烈社会责任感和一流品牌的白酒企业。

1. 产品特色

产品以青稞酱香型白酒为主，其制作过程相比其他白酒更为独特，呈现出醇厚、爽口、柔和的风味特点。根据市场调研数据显示，消费者对青稞白酒具有较高的认可度。随着近年来其市场份额快速增长，青稞白酒成为中国白酒市场中的新兴品类，其在西藏等青稞种植区域的特色文化背景，以及不同于其他品类的香味、口感等特点，使得青稞白酒的品牌知名度和形象逐渐提升。

2. 技术创新

青稞藏白酒在西藏生产的历史距今已有1300多年，传统方法酿造出来的青稞酒，保鲜期很短，只适合家庭自饮或是招待客人，不利于市场规模的进一步扩大。随着市场需求的扩大，建成标准化的青稞酒酿造车间，由专人来指导，青稞酒的酿造将更为规范，从原料处理、配料到摊凉拌曲、糖化发酵，再到蒸馏、储存、勾调都离不开自动化的加工设备。

酿造工艺是影响青稞酱白酒品质的重要因素，酿造工艺将更加注重技术创新和科技应用，加强先进设备和流程控制，提升酿造环节的自动化水平和生产效率。同时，将积极推进生产工艺，提高产品的品质，进一步扩大青稞酱白酒的消费市场。此外，在酿造工艺方面，该公司生产的青稞酱白酒将积极推广异酵母、纯种浸出技术以及分离纯化技术等新技术，不断突破传统酿造技术的限制，创造更为细腻、醇厚的口感和香气，满足消费者不断升级的需求。

3. 品牌定位

公司立足当地，其品牌积极适应昌都察雅县经济社会发展的客观要求。同时也是为了促进青稞特色产业发展，加大青稞高附加值产品研发力度。昌都青稞产量丰裕，富含蛋白质、纤维素、维生素等微量物质，脂肪、糖含量低，除了用作主食以外，余粮也都用来酿酒。立足资源禀赋，机遇叠加蓄能，品牌有根基才能更好地在市场上展现其价值。

（三）销售情况

随着人们消费水平的提高，青稞白酒受到越来越多人的青睐。根据调查数据显示，青稞白酒在白酒市场中的占比已经达到20%，未来有望进一步提高。随着国内市场的渐趋饱和，青稞白酒开始向国外市场扩张，尤其在亚洲市场受到追捧。据预测，未来几年青稞酒出口市场仍将有较大的增长空间。

公司酒厂建成后，年产优质青稞白酒将达约1000吨，存储能力约6000吨。待正式全面运营后，按第十二年特征年满负荷运营来看，可实现年均销售收入21893万元，年均利润总额5105.1万元，年均净利润3828.83万元，年上缴税金及附加5124.3万元，年增值税为1799.3万元；年可上缴所得税1276.27万元。投资收益率为13.67%，资本金利润率18.04%。因此，项目的实施每年可为当地增加5124.3万元税金，可有效促进当地经济发展。

第二节　青海省重点企业

一、青海天佑德科技投资管理集团有限公司

（一）公司简介

青海天佑德科技投资管理集团有限公司，成立于2000年3月，注册资金6400万元，属股份制私营企业。2007—2023年，集团连续十六年荣获"青海企业50强"荣誉称号。青稞酒于2012年实现A股上市。2013年，荣获"青海省科技型企业"荣誉称号；2017年该公司企业技术中心被省科技厅认定为"青海省青稞资源综合利用工程技术研究中心"，2021年该公司企业技术中心被国家粮食和物资储备局认定为"国家粮食产业（青稞深加工）技术创新分中心"。2022年被评为"青海省中小企业公共服务示范平台"；2022年被评为西宁市知识产权（专利）示范企业。

公司拥有一系列先进的工艺研究设备、设施及分析检测仪器200多台（套）；拥有GMP10万级洁净中试车间1000平方米，中试成果转化基地4000平方米（互助青稞产业园中试转化车间3000平方米），研发及检测中心2000平方米，能充分满足技术中心平台研发合作及成果转化推广任务的顺利实施；检测分析中心于2017年通过CMA资质认定，可对外开展300多项食品参数检测，可以满足对研发原料及产品营养成分、农药残留、微生物等指标检测分析的需求，并于2019年4月取得质量管理体系认证。

（二）经营模式

该公司是一家以酒业生产销售、粮油投资为主业，集房地产开发、医药、旅游于一体的跨地区并走出国门的多元化企业集团。集团现有全资及控股公司7个。

（三）销售情况

目前，天佑德集团资产总额约48亿元，在职员工3327人，年销售收入17亿

元，年纳税额达5亿多元，连续多年位列青海企业50强。填补了青海青稞产品领域的多项空白，成为享誉青海、家喻户晓的著名品牌，为青海的经济建设、文化建设、社会稳定、民生就业、高质量发展作出了突出贡献。

二、青海新丁香粮油有限责任公司

（一）公司简介

青海新丁香粮油有限责任公司成立于2007年，是青海华实科技投资管理集团的控股子公司。2007年2月华实集团收购原青海丁香粮油（集团）有限责任公司（前身为马坊面粉厂），成立青海新丁香粮油有限责任公司。注册资金1.3亿元，占地108亩。现有员工102人，已通过了ISO9001质量管理体系的认证，生产四大系列十几个品类的"丁香牌"面粉，先后被评为国家级粮食应急保障企业（青海省唯一一家）和国家级农牧业产业化重点龙头企业。

（二）经营模式

公司积极响应国家政策以及省政府关于大力发展青稞产业的规划，采取"公司+基地+农户"的农业产业化发展模式，成立青海新丁香青稞产业联合体。2019年，"青海新丁香青稞产业联合体"获批青海省第二批农业产业化联合体，建成2.2万亩青稞种植基地，新建一条年产6000吨的青稞粉生产线；改造升级年产2500吨青稞挂面生产线一条，有效带动当地农户增产增收，脱贫致富。近年来，通过吸收互助、门源、贵南等贫困地区的青稞种植合作社、家庭农牧场、种植大户，形成利益共同体，聘请农技专家进行实地指导，实现青稞产品从田间到餐桌全程质量跟踪，积极探索青稞生态资源的全产业链发展。2019年，"青海新丁香青稞产业联合体"获批青海省第二批农业产业化联合体，在青海省青稞主产区建成2.2万亩青稞种植基地，有效带动了当地农户增产增收，脱贫致富。

（三）销售情况

企业以"丁香"品牌效应，生产优质青稞产品，坚持以技术研发和销售为核心业务，为消费者提供以青稞为原料加工的健康食品。塑造和引领消费者健康饮食的生活方式，将公司打造成为全国最好的面粉加工企业之一，促进青稞产业升级，做全国最大的青稞原粮供应商、规模最大的青稞精深加工企业。2023年实现销售收入349.79万元。

三、青海华实青稞生物科技开发有限公司

（一）公司简介

青海华实青稞生物科技开发有限公司拥有一系列先进的工艺研究设备设施及分析检测仪器，共160多台（套），包括青稞发芽设备、冷冻干燥机、喷雾干燥机、液压压片机、热风旋转炉、超微粉碎机、色选机、微波流化设备、袋泡茶中试生产设备等，建设了1800平方米的十万级洁净标准GMP车间，拥有青稞米、超微青稞粉、青稞挂面、青稞袋泡茶、青稞全籽粒麦片五条中试及产业化生产线，并全部获得SC生产许可证。

（二）经营模式

公司积极响应政策，采取"食品农产品初加工+食品生产+技术推广"的经营模式，促进当地青稞产业发展的同时为当地农户带来了更多收益。

（三）销售情况

公司的特色产品为青稞红曲茶，其中含有洛伐他丁、γ-氨基丁酸和麦角固醇等生物活性物质，具有降压减脂、清肝润肺、增强人体免疫力等功效。2023年该公司产品收入约123.65万元，其中销售情况最好的产品就是青稞红曲茶，销售额达到118.25万元。

第三节　甘肃省重点企业

一、甘南云端羚城食品科技有限公司

（一）公司简介

公司于2020年5月成立，注册资本1600万元，位于甘肃省甘南州合作市生态产业园区内。品牌化运作是该公司的主要经营理念，结合加工厂紧邻景区的优势，该公司打造的线上和线下自营馆以及各景区景点游客服务中心全面展示品牌形象，优化游客购物体验。

立足甘南特色，产品主要有谷物、茶饮、高原菌菇三大系列。生产的高原有机藜麦、青稞、燕麦等产品，已销往北京、天津、广东、湖北、海南、黑龙江等多个省市；藏地精品八宝茶系列产品已经完成配方研发和营养学评估。

（二）经营模式

公司全新打造集收购、研发、加工、销售、营销于一体的商业模式，探索形成了"加工厂+平台+合作社+农户"的"4+"可持续合作模式。力争打造服务于农户和农牧村专业合作社的综合性开放共享平台，解决传统农产品零散、小而不精的痛点，提升甘南农产品品牌影响力和产品附加值，切实提升当地农牧民收入，推动甘南农牧产业形成共赢、共创、共荣的生态圈。

公司共有1500亩的黑青稞、甘青4号、甘青10号、糯青稞等品种的种植基地，其重要合作模式为该公司向老百姓提供种子再收购，收购价格在市场价格的基础上提高0.6—1.0元/千克。2023年带动农户170余家，解决了50余人的劳务就业，其中8人为大学生。公司先后荣获"合作市第二届羚城创翼创新大赛一等奖""甘南州百千万创业引领工程第一届主体赛二等奖"，被授予"甘肃民族师范学院就业创业基地"，在州内外得到了高度评价和一定的认可。

（三）销售情况

甘南云端羚城食品科技有限公司孵化周边合作社共计14家，累计带动农户326户, 就业45人, 大学生创业17人, 共种植青稞2000亩, 总产量超过40吨, 创造销售额高达478万元。在2023年的滨羚双城推介会上, 甘南云端羚城与滨城企业签订价值500万元的订购意向合同。

二、甘南藏族自治州扎尕那青稞酒业有限公司

（一）公司简介

甘南藏族自治州扎尕那青稞酒业有限公司于2015年6月30日成立, 是甘南州传承藏家传统酿造工艺清香型白酒生产企业之一。

公司坐落于甘肃省甘南藏族自治州迭部县电尕镇吉爱那村, 厂区建设包括储藏车间、粉碎车间、制曲车间、罐装车间、酿造车间、包装材料库房、成品库房、酒库、展览厅、办公楼、污水处理站等, 占地面积60余亩, 注册资金1000万元, 实际投资5073.6万元。

（二）经营模式

践行"敬业、诚信、担当、奉献"的企业宗旨, 锐意进取, 砥砺前行, 推动劳务振兴, 为进一步拓宽对农牧民的帮扶渠道, 加大帮扶力度, 建立"企业+合作社+农牧户"的模式, 共同发展, 实现村企合作, 推动产业化振兴。

扎尕那青稞酒业有限公司作为白龙江沿岸青稞酒产业的龙头企业, 肩负着将青稞酒产业不断培育壮大, 向产业化、规模化发展的重任, 对于带动当地群众稳定增收具有十分重要的意义。为补短板、强弱项不断做大做强青稞酒产业, 该公司持续强化产业发展, 进一步提质增效, 实施产业升级改造, 提升老青稞系列、扎尕系列白酒产品的品质; 强化技术创新能力, 持续研发符合消费者需求的白酒产品, 不断完善白酒质量风格, 进一步提高市场竞争力。依靠品牌优势和营销创新, 做好广阔的营销网络建设工作, 全面推广"扎尕那、老青稞"品牌, 为实现营业收入和净利润的持续增长奠定基础。

（三）销售情况

2023年完成销售额760万元。低档酒占总销售额的41%, 比2022年同期降低5%; 中档酒占总销售额的28%, 比2022年同期增长2%; 高档酒占总销售额的

31%，比2022年同期增长3%。

2023年开发商超6家，酒店6家，零售终端16家。新开发的4家商超是甘南州规模较大的购物商超，所售产品为50°系列；6家酒店所售产品为45°、50°系列。新开发零售终端城区8家，乡镇8家，所售产品主要集中在中低档产品区，大部分是45°、42°、38°系列产品。

第四节　四川省重点企业

一、四川米老头食品工业集团股份有限公司

（一）企业简介

四川米老头食品工业集团股份有限公司成立于2003年，主要从事休闲食品生产与销售，是一家集研发、生产、销售于一体的现代化、规模化企业。现除广汉外，在山东、湖北等也拥有数家全资子公司及控股子公司。长期坚持"品质一流"的质量发展信念，坚持走"规范化、标准化、程序化、制度化"的发展之路，先后通过ISO9001、HACCP管理体系认证，并顺利通过FDA专项检查以及BRC认证。该公司"米老头"商标分别荣获"四川省著名商标""中国驰名商标"称号。

产品受到广大消费者的认可和喜爱，畅销国内各大省市及欧美、东南亚、日韩等国家及地区。公司常年与四川大学、四川省农业科学院研究院、济南果品研究院等多家教学科研机构开展广泛合作，承担多项省市重点科研项目。在新产品、新技术研发以及科技成果转化实施方面成绩可观。目前拥有系统较为完备、行业内领先的产品自主研发生产体系，以及与之配套的食品生产自动化体系，拥有以"全自动米麦通生产线"为核心的一系列具有独立自主知识产权的先进科技成果，并达到行业、国内领先水平，部分科技成果填补了国内技术空白。现有包括发明、实用新型以及外观设计在内的42项专利，如"全自动食品加工方法及其系统""蛋卷包装自动料理装置"等，均具有较高科技水平。

（二）经营模式

四川米老头食品工业集团股份有限公司多年来一直致力于研究、开发高品质的休闲食品。公司产品畅销全国各大省区，并远销海外，深受消费者的喜爱，被评为"群众喜爱产品"。米老头系列产品的市场份额正在高速增长，上升势头强劲。以"办全国知名企业、创国内一流水平"为目标，走新型工业化道路，培育优秀的公司素质和公司形象，建立和提升包括与之相适应的管理和人才体制的企业核心竞争力。通过经常组织员工参加专业和技术培训，不断邀请相关行业专家来公司做专题讲座，并与相关学校联合办学，设立米老头专项奖学金，以全面提高公司员工的专业技能。以广汉生产基地为核心，辐射全国，形成了中国现代化程度较高、生产规模较大，品种规格较齐全的大型食品联合企业。

（三）销售情况

2023年公司青稞加工量300吨，拥有"青稞米饼"和"青稞米棒"，年销售额1亿元。

二、甘孜藏麒特色农产品开发有限责任公司

（一）企业简介

甘孜藏麒特色农产品开发有限责任公司成立于2019年11月15日，注册资本800万元，厂区占地面积1333.2平方米，是一家长期从事高原特色农产品开发研究和创新的企业。该公司秉承带动炉霍县农业经济发展、为农户增加经济收益的理念，实现企业增效、农民增收的双赢目的。

（二）经营模式

目前开发的产品有黑青稞面条、黑青稞茶、黑青稞米、黑青稞糌粑、黑青稞面粉、黑青稞速食面条等系列产品。为加快促进甘孜州青稞产业化发展，推进青稞的产学研、种加销深度融合，延长青稞产业链，提升青稞产品的附加值，实现科研成果快速转化，农牧民、企业双赢的目的，公司与四川省农科院、甘孜州农科所共同成立"四川省农业科学院农产品加工研究所科技成果转化示范基

地"及"甘孜州农业科学研究所青稞产品研发基地"，并签订《青稞产业化示范基地建设和精深加工合作协议书》，拓展政府与企业扶贫合作的深度与广度。致力于利用青稞高值化关键技术开发项目，增加甘孜州青稞产量，并通过加工研发将绿色、健康、多样性的产品推向市场，帮助农民就业，增加经济收入，助力乡村振兴，促进产业发展。

（三）销售情况

公司2023年青稞加工量100吨，年产值250万元。

三、格萨尔青稞文化产业园

（一）企业简介

格萨尔青稞文化产业园位于甘孜藏族自治州甘孜县呷拉乡，总占地面积63.24亩。依托藏家风情以及雅砻江的青稞文化带，发展藏区特色的青稞食品加工业。

格萨尔青稞产业园自开园以来先后以高于市场价的价格收购青稞近2万吨，建成标准化生产线3条，开发青稞饼干、青稞茶、青稞面等产品，长期聘用本地青年300余人，助力甘孜县乡村振兴和经济社会全面发展。

（二）经营模式

格萨尔青稞文化产业园以"收购+加工+存储+展览+体验"为经营模式，通过园区实现产业的集中、集聚、集约发展，提高农产品转化率，实现了规模化发展。产业园按照功能划分为4个主要功能区，分别为甘孜十八县农耕文化展示区、特色商品展区、生态食品加工区、综合文化活动区。园区具有川藏地域特色，以高原青稞产业为核心，是集科技培育、产品加工、生态种养、休闲观光、创新研发于一体的现代青稞文化园。目前该公司有藏香、茶叶、手磨糌粑等产品。

（三）销售情况

2023年，甘孜县格萨尔青稞文化产业园收购青稞1300吨，实现群众增收近600万元，生产销售青稞产品近1400万元，惠及全县179个行政村、8490户农户。

第五节 云南省重点企业

一、香格里拉酒业股份有限公司

（一）企业简介

香格里拉酒业股份有限公司创立于2000年1月27日，在迪庆州香格里拉经济开发区注册，注册资本5656万元，主要从事青稞威士忌、大藏秘青稞干酒、青藏高原青稞白酒系列产品的研发、生产和销售以及相关原料基地的培育建设。主导产品为"香格里拉""大藏秘""青藏高原"等品牌的青稞威士忌、青稞干酒和青稞白酒，是迪庆州首家被授予"农业产业化国家级重点龙头企业"的企业。该公司先后通过质量管理体系、食品安全体系、诚信体系、"绿色食品"和"生态原产地产品保护"等的认证，并建立了从"种植—生产—销售"的完整的产业链，且在全国建立了较为完整的销售网络。该公司先后荣获"国家级放心酒工程·示范企业""中国红酒行业十大影响力品牌""中国葡萄酒金牌酒庄""全国食品工业质量竞争力卓越企业""全国和谐劳动关系创建示范企业""云南省绿色创新20佳企业""云南省创新型示范企业""云南省优强民营企业""云南省民族团结示范单位""云南省省级专精特新成长型企业"和"云南省省政府质量奖提名奖"等。该公司拥有5项酿酒方面的国内领先技术，是知识产权优势企业，先后获得国家发明专利3项、实用新型专利3项，外观专利27项，其中"青稞干酒生产技术的研究与应用"获云南省政府颁发"技术发明三等奖"；组织起草和备案地方标准1个，产品企业标准13个。采用产学研结合的方式与科研机构和高校合作，对产区产业进行深度研究。

（二）经营模式

公司秉持由粗放型向精细化、规范化、标准化、流程化管理转变的管理理念，在经营模式上选择"公司+政府+农户"的管理模式。同时企业以顾客为导向，根据不同顾客与市场需求、期望和偏好，结合自身发展战略和优势，对顾客与市场进行细分,不断为顾客提供更优质的产品和服务,满足并超越顾客需求。实施质量、食品安全、诚信管理体系、安全标准化管理,系统提升管理水平;保护企业自主知识产权;通过系统管理、内外部审核改进企业的管理体系。

20年来,实施香格里拉品牌战略,秉承"用心酿美酒、诚信铸品牌"的质量、食品安全和诚信方针,坚持工匠精神,确保食品安全,把香格里拉打造成了中国高端威士忌企业,各项经济指标在国内行业名列前茅,品牌影响力在行业内排名前五,品牌营销排名前十。

（三）销售情况

近3年销售收入近亿元,销售遍布浙江、江苏、福建、河南、广东、湖南、河北、云南等区域,加盟体验店已超过50家,目标超过200家,并将借助体验店把香格里拉农特产品销往全国各地。

二、香格里拉藏雄青稞食品有限公司

（一）企业简介

香格里拉藏雄青稞食品有限公司成立于2014年3月,注册资本2000万元;位于香格里拉经济开发区木碧湾工业片区;主要生产及销售的产品有青稞面粉、青稞自发粉、青稞面条、青稞酥、青稞饼干、青稞鲜花饼、青稞松茸火腿月饼等青稞产业链产品。2021年11月,被迪庆藏族自治州人民政府评为"迪庆州农业产业化州级重点龙头企业"。

（二）经营模式

公司是以高原健康生态主食"青稞"为核心,集产品研发、生产、销售、服务于一体的青稞全生态产业链深加工企业,旨在为全社会带来健康、绿色、天然的青稞食品。打造青稞酒、青稞饼干、青稞面条等各类藏民族特色农产品。以全力打造青稞深加工为核心的全生态产业链国际化发展战略为目标。一直以发展"龙头企业+基地+合作社+农户"的产业化联合体和农户实行订单农业,发挥藏雄集团作为香格里拉产业链龙头企业的优势,带动区域经济发展。

近年来，公司坚持"以市场为导向、以质量求生存、靠科技促发展、向管理要效益"的原则，逐步走出了一条可持续发展之路，带动种植户从单一的生产方式向专业化、标准化、产业化转变。企业为了从源头上把控好原材料的品质，公司主打"青稞"系列产品，在香格里拉市金江巴洛、仕达等地打造1000余亩青稞基地。每年可有效使350户农民增加收入，公司农村从业人员10人，加上部分季节性用工，合计带动农户增收89.6万元。

（三）销售情况

公司以青稞产业为导向，发展青稞种植基地1500余亩，有效增加和带动劳动就业人数以及周边产业的发展。2021年销售收入1146.3万元，2022年销售收入1008.9万元。

第六节　产业发展启示

青稞产业在当今大健康主题下是一个朝阳产业，而产业要良性向上发展，不可避免地要在产业的上游、中游、下游同时发力。多方努力共同推动产业发展。

从上游来看要培育专用青稞品种。在选育上，选育适合不同生态区域、不同用途的多元化青稞品种。加快品质性状符合市场需求的加工型专用品种选育进程，以满足专用加工用途及青稞产业化发展的多元化需求。建立完善青稞品种选育、良种繁育推广体系，提高青稞良种统一供种能力。集中攻关培育出优质高产高效的青稞新品种，并研发配套标准化种植技术，对新品种和新技术进行同步推广。做到良种生产与推广面积协调发展，有力支撑青稞产业的高质量发展。在种植上，良种生产应选用连片集中、机械化程度高的高标准化农田，由种子生产专业人才组建种子生产基地或专业合作社负责种子的生产、收获、加工、清选与贮藏，采用"公司+农户"的运行方式，调动生产各方面的积极性，协同提高青稞种子的质量与产量，确保青稞大面积生产所需良种的安全供应。

从中游来看要加大科研投入。现今人们更多地关注食品的营养价值，因此对青稞加工利用还需不断开发。由于青稞本身品质结构特性，可对其进一步加工研发不同品类的新产品，除了青稞糌粑、传统青稞酒、青稞麦片等产品外，目前市场上增加的新品种有青稞啤酒、青稞饼干、青稞白酒和青稞速溶粉等产品。科研力量的大力投入，可以有效增加青稞产品种类、降低生产成本，使得青稞产品在市场上更具竞争力。同时，由于绝大多数青稞企业缺乏内设科研机构，省市级科研院所及高校可以有针对性地进行青稞产品研发，真正做到产学研相结合。

从下游来看要培育龙头企业，做强产业链。政府要充分重视和发挥龙头企业对青稞产业的引领带动作用，重点扶持一批科技含量高的青稞加工龙头企业，进行科技成果转化及功能系列产品研发。保持和发扬本地特色产品传统加工工艺并利用现代加工技术和装备，改造和提升传统产品的技术水平，创新特色青稞产品新工艺。扶持企业扩能和提质改造，向多品种、系列化、精深加工方向发展，满足多样化市场需求。要整合优势资源，实施农业科研、推广和龙头企业联合协作，以基地为纽带，联合农户和企业，培养青稞种植大户，实行规模经营。积极推进青稞系列酒酿造、方便食品加工、β-葡聚糖原料生产、制药等企业的发展，开发青稞产品深加工，增加青稞商品价值。

在传统市场拓展上，首先要进行市场集中，定位在市场前沿的深圳、北京、上海为主的一线城市，拓宽青稞消费市场。其次要在一线城市建立招牌店，提升青稞产品定位。最后将青稞入驻一线城市的各大餐饮企业中，通过一线城市强大的消费能力迅速销售青稞产品。同时要积极开拓国际市场，以青稞产品自身的特色作为优势走向国际市场。在新型市场拓展上，充分利用互联网平台，摆脱地理空间的束缚与限制，强化青稞功能特性的宣传力度。加深国内消费者对青稞产品的认知程度。通过广播电台、公众号、自媒体等渠道大力宣传各类青稞产品，让更多的国内消费者了解青稞，进而拓宽青稞销售市场和渠道。

第五章

青稞产业发展的
代表性产品

我国经过了20年的高速高质量发展，物质生活水平日益提升，随之而来的是高血糖、高血脂、高血压等三高人群的成倍增长。在"低糖、低脂、低精致碳水"饮食理念日渐盛行的现代社会，青稞的营养属性更符合追求健康饮食人群的需求。近年来，青稞独特的营养价值和健康属性被越来越多的人群所了解，尤其青稞中富含β-葡聚糖、生育酚、γ-氨基丁酸等成分对人体都是十分有益的，受到大家的喜爱以及食品加工业的关注。随着青稞营养功能研究的深入和食品加工业的发展，对青稞的加工利用呈现多样化趋势。

第一节　青稞主食类产品

一、青稞米

青稞米被誉为"绿色珍珠"，青稞米中的蛋白含量为6.35%～21.0%，高于其他谷类作物；纤维含量高达16%，其中不可溶性膳食纤维9.68%，可溶性膳食纤维6.37%，而粗脂肪含量平均值为2.13%，比玉米、燕麦、高粱和荞麦还低。

青稞米是青稞经脱皮处理后的产品，加工流程一般包括原料清理、脱皮、抛光、色选、精选等工艺步骤。在加工过程中，去皮（碾磨）工艺对青稞米品质的影响最大，经过去皮后的青稞米外形看起来像大米，体积变小，吸水性提高，蒸煮后品质得到改善。

青稞米的市场需求逐年增加，成为食品行业一个重要品类。根据京东统计数据，将青稞米品牌信誉、销量、关注指数等10项数据，通过云计算得出的优秀青稞米品牌有"十月稻田"、"乐食麦"、"经稞"、"燕之坊"、"一禾谷香"、"六号谷仓"、"隆总旺"、"新班长"、"佳怡"和"鹤来香"等。青稞米热销榜有"雪域圣谷"、"藏地金稞"、"蓝天净土"等。

其中,"雪域圣谷"系列青稞香米是西藏春光食品有限公司经过11年的努力建立起来的知名品牌。2017年被拉萨市工商局授予"拉萨市名牌产品"。2023年西藏春光食品有限公司生产青稞米1000吨左右,销售产值1200万元左右。

二、青稞粉

青稞粉是青稞食品加工的基础,是青稞产品加工、研发的主要原料之一,在青稞食品生产中具有举足轻重的作用。青稞粉由于加工工艺的不同,又可以分为青稞熟粉(糌粑)、青稞生粉。青稞传统的制粉工艺包括水磨、石磨、锤式磨和针式磨等磨粉方式,现有借鉴了小麦辊磨制粉的制粉工艺。

(一)糌粑

糌粑是藏族同胞传统主食之一,以青稞为主食的藏族同胞占涉藏地区总人口的80%以上。糌粑是将青稞除杂、清洗、晾干、翻炒、磨粉等工艺制成的粉状食物,糌粑一般为青稞全粉,即不进行麸皮分离。糌粑的市场主要分布在西藏、青海等地及四川阿坝、甘肃甘南、云南迪庆等自治州。藏族人民把青稞称为"养育众生之母后",将经加工后的糌粑视为"她"的无价长子;传统藏药认为,糌粑是最安全、最营养的食品,被称为"白色的药物"。

目前市面上流通的糌粑主要有古荣糌粑、白朗洛丹牌糌粑、雅砻糌粑等,此外还有各地区合作社生产的糌粑。其中古荣糌粑有数百年历史,颜色以白和黑为主,具有独特的青稞麦香味,深受广大藏族群众喜爱,在西藏享有很高的声誉,在新中国成立前一直是西藏地区官员和上层僧侣的贡品。2011年,古荣糌粑制作技艺被正式列入西藏自治区级非物质文化遗产名录;2014年国家质检总局批准对"古荣糌粑"实施地理标准产品保护。

(二)青稞粉

青稞粉根据加工工艺不同,可分为全粉(未去皮)、精粉(去皮)。目前,成规模的青稞粉生产企业主要集中在西藏、青海、甘肃、四川等地区,主要以合作社或者小加工作坊为主,少有成规模的青稞粉生产企业,其他地区受原料、运输、市场等限制，基本没有青稞粉的生产加工企业。

根据京东青稞粉热卖排行，万谷食美、祁连裕农、青藏部落、藏地金稞等品牌上榜。其中藏地金稞为成都林记食品有限公司旗下品牌，该品牌自2019年注册以来，一直坚持以市场为导向，走专业化发展之路，打造全方位的经营管理模式，一直深受广大客户和消费者的青睐。

三、青稞面条

面制品距今已经有4000年历史，是我国基本的主食产品之一。在各种面制品主食中，面条消耗面粉量最大，占比35%，面条产品也是主食工业化程度最高的产品。青稞作为一种杂粮，具有高纤维素、高蛋白的营养特点，但是由于面筋蛋白含量低、支链淀粉含量高、麦胶蛋白和麦谷蛋白比例不协调，使其延展性和弹韧性差，导致形成的青稞面筋网络筋力较弱。单独以青稞粉制成的面条会出现成形难、易断条、表面不光滑、蒸煮损失过多等问题，因此需要与面粉或添加剂配合使用来改良青稞面制品的品质。市面上青稞面制品主要以挂面为主，鲜面、速食面等形式的面制品数量较少，且青稞粉添加量绝大多数都在50%以下。

青海新丁香粮油有限责任公司研发的一款高含量青稞挂面，青稞粉添加量占比为51%，利用青稞蛋白交联改性技术，通过青稞蛋白与其他谷物蛋白相互作用，改善了青稞蛋白的特性。2019年公司生产的青稞挂面获得第二届ICC亚太区国际粮食科技大会科技创新奖，2020年6月，"青稞面馆"荣获2020年第二届西宁农村创业创新大赛金奖。2021年，丁香青稞产品获得"有机产品认证"。2022年、2023年，公司青稞产品获得"FFC中国功能性食品大会科技创新奖"。

四、青稞面包

面包是一种以粮食作物为基本原料，以酵母、鸡蛋、油脂、糖、盐等为辅料，加水调制成面团，经分割、成形、醒发、焙烤等过程加工而成的焙烤食品。

青稞面包是以青稞粉为主要原料。通常市场上生产的面包主要以小麦粉为原料，相比于小麦粉，青稞粉更难发酵，其烘焙性与黑裸麦和杂粮类似，膨胀力较弱，制作的面包内部组织细密，味道与全麦、黑麦面包类似。

2023年中国烘焙代表队采用青稞作为主要原料制作的面包获得了第25届IBA国际焙烤展世界面包大师赛总冠军，刷新历史。中国面包国家队主教练表示，本届比赛采用青稞作为主要原材料，占比超过40%，成为夺冠作品最大的亮点。随着这次面包大赛斩获冠军，优质健康的面包会受到更多人的青睐，如青稞面包、全麦面包、无麸质面包也会迅速被消费者所接受。

西藏吖峪嘟食品有限公司是西藏自治区生产青稞面包的企业之一，主要供应拉萨市鲜食面包市场，拥有自主"吖咕嘟"品牌及商标，公司多次参与各类展销会和公益活动，品牌在区内具有一定影响力，2023年面包销售额达129万元。

第二节　青稞饮品类产品

青稞饮品类产品包括青稞酒类、青稞茶、青稞谷物饮料等几大类。自古以来藏族同胞就有以青稞为原料，经发酵酿制低度数青稞酒的历史。随着食品工业的发展，以青稞为主要酿造原料生产的青稞白酒、以青稞和大麦为主要原料酿造的青稞啤酒也逐渐被人所熟知。目前青稞酒根据工艺特点可分为：传统工艺酿造的青稞咂酒、青稞烤酒、青稞白酒及青稞保健酒，新工艺酿造的青稞啤酒、青稞清酒、青稞黄酒、青稞饮料酒等低度发酵酒。截至2023年底，据统计注册的青稞酒企业共4298家。此外，青稞饮料也占据了一定的市场，其中青稞谷物饮料是以青稞为主要原料，通过粉碎、糊化、胶磨、酶解等手段加工而成的口感清爽稳定的谷物饮料。这些饮料以青稞作为原料，在保留青稞营养价值的同时迎合了消费者的需求，有较大的发展前景。

一、青稞酒类

（一）青稞白酒

青稞白酒与五粮液、茅台等白酒酿造工艺基本一致，提起青稞白酒，就不得不提天佑德青稞酒。青海互助天佑德青稞酒股份有限公司主要从事青稞酒的研发，主营"天之德、天佑德、八大作坊、互助、世义德、阿拉嘉宝"等多个系列青稞白酒。天佑德青稞酒具有悠久的酿造历史，最早可追溯至明洪武年间西北地区著名的天佑德酒坊，创立于1373年。2021年，天佑德青稞酒的蒸馏酒传统酿造技艺即青海青稞酒传统酿造技艺成功入选国家级非物质文化遗产。该工艺融合多个民族、多个地区的酿酒技术，具有600年的传承历史。

青海互助天佑德青稞酒股份有限公司董事会发布的《关于2023年度主要经营数据的自愿性信息披露公告》显示，2023年度，公司实现营业总收入约12亿元，同比增长约22.46%。

（二）传统青稞酒

传统青稞酒在西藏已有1300多年的历史，是当地人民最为重要的传统饮品。传统青稞酒是以青稞为原料，以藏曲为糖化发酵剂，通过浸泡、蒸煮、摊凉、发酵（72h）、加水过滤等工艺酿造而成的非蒸馏型哑酒，与云南米酒、浙江黄酒工艺类似。传统青稞酒色泽橙黄，味道酸甜，酒精度低，有饮后不上头、不口干、醒酒快的特点，深受青藏高原人民的喜爱，被视为西藏传统文化的一部分。

传统青稞酒较为小众，主要在涉藏地区生产、销售。西藏自治区生产传统青稞酒规模较大的企业为桑旦岗青稞酒业有限责任公司、达热瓦青稞酒业有限公司等。其中西藏桑旦岗青稞酒业有限责任公司是一家以科技创新为核心竞争力的中小企业，主要进行传统青稞酒的生产。公司在继承西藏古老传统青稞酒生产工艺的基础上，引进国内外最先进的现代化酿造技术和设备，生产的"喜充·江孜青稞酒"系列产品已覆盖西藏全境，并在青海等地具有一定的市场规模。商标于2022年被申报使用，2023年公司通过线上、线下渠道销售超过

2000万元。

（三）青稞啤酒

青稞啤酒是指添加青稞或者青稞麦芽原料酿造的啤酒，按原料区分青稞啤酒有3种类型：一是以全青稞麦芽为原料酿造的全青稞麦芽啤酒；二是青稞麦芽和大麦芽按比例搭配的青稞啤酒；三是以青稞为辅料、大麦为主料的青稞啤酒。由于青稞麦芽不易制得，且用量相对于大麦芽来说较少，成规模的青稞麦芽厂很少，很多厂家常常以青稞籽粒为辅料、大麦芽为主料来酿制青稞啤酒。

西藏天地绿色饮品发展有限公司是西藏最具特色、国内一流的饮品制造企业，培育出"西藏青稞啤酒"及"西藏啤酒"品牌。"西藏青稞啤酒"是一款具有浓郁西藏特色的产品，是立足西藏优势资源青稞和西藏好水，依托先进的德国装备建立的享誉全国的著名品牌。2015年"西藏青稞啤酒"被国家质监总局批准为中华人民共和国生产原产地保护产品；2016年青稞"拉萨纯生"荣获拉萨名牌产品，成为上海世博会的指定啤酒，以其优异的品质拓宽区外市场，产品在北京、江苏、广西、四川等地均有销售。2023年公司西藏青稞啤酒销量达29825.69吨，实现主营业务（产品销售）收入24770.96万元，上缴税费总额3287.69万元。

二、青稞茶

谷物茶是由一种或多种谷物为主要载体，经过烘烤、焙炒和微波等热处理制成的一种与传统茶叶不同的代茶饮。一般采用谷物整粒制作，最大限度保留了谷物的营养，同时避免了全谷物食物粗糙不易下咽的问题。其饮用方式与普通茶叶类似，可以通过热水冲泡或者沸水烧煮冷却后饮用。目前市面上的谷物茶种类多样，其中以大麦茶、苦荞茶、青稞茶、玄米茶、薏米茶、高粱茶等为代表。研究发现，谷物茶中的水溶性酚类物质、膳食纤维、矿物质以及谷物烘焙过程中产生的美拉德反应产物具有较高的营养价值。长期饮用，具有降血压、降血脂、护肝养胃、促进睡眠等功效，是一种健康的绿色饮品。

青稞茶是以青稞籽粒为原料经烘烤后制成的一种谷物茶。主要分为两类：一类由青稞籽粒直接制作而成，另一类由青稞籽粒与其他原料复配制成。青稞籽粒直接制备青稞茶的工艺为：淘洗→干燥→粉碎→筛分→加水调和→蒸煮→成型→干燥→焙炒→冷却→包装→成品。利用青稞籽粒与其他原料复配制成的青稞茶则兼具各原料的功效成分，同时产品风味得到改善，其主要工艺为：复配→浸泡→干燥→烘烤→袋装。青稞茶因其具有特殊的香气、口感与较高的营养特性且不含咖啡因，被越来越多的消费者所认可。

三、青稞谷物饮料

为迎合消费者的需求，以青稞为原料的谷物类植物饮料产品不断涌现。根据农业行业标准《绿色食品 谷物饮料》（NY/T 3901–2021）规定，谷物饮料是以一种或几种麦类、粗粮、豆类、薯类和稻谷类等谷物为主要原料，经加工调配制成的饮料。谷物浓浆指总固形物和来源于谷物的总膳食纤维含量较多（原料中谷物的添加量不少于4%）的谷物饮料。谷物淡饮指总固形物和来源于谷物的总膳食纤维含量较少（原料中谷物的添加量少于4%不少于1%）的谷物饮料。复合谷物饮料指含有果蔬汁和（或）乳和（或）植物提取成分辅料的谷物饮料。根据我国《饮料通则》（GB/T 10789–2015）标准规定，经过定量包装的、供直接引用或按一定比例用水冲调或冲泡饮用的、乙醇含量（质量分数）不超过0.5%的制品，称为饮品。植物饮料，即以植物或植物提取物为原料，添加或不添加其他食品原辅料和（或）食品添加剂，经加工或发酵制成的液体饮料。

市场上青稞谷物饮料主要有直接使用青稞原料进行调配，或是将青稞原料经发芽、烘焙、酶解、发酵处理后进行调配两种。西藏奇正于2023年上市的一款青稞植物奶，以西藏青稞为原料，运用多重生物酶解技术，使青稞中的植酸等抗营养因子被分解，且原本不易被人体吸收的蛋白质大分子变成了小分子肽和氨基酸，营养更易吸收，在保留青稞自然麦香的同时，还带有一种淡淡的自然清甜，入口顺滑，口感醇厚，回味甘甜不腻，是一款零蔗糖、零胆固醇、零反式脂肪酸的植物基饮品。

第三节　青稞功效类产品

抛开粮食属性,青稞含有的生理活性物质赋予它独特的营养保健功能,使青稞极具开发价值。青稞中β-葡聚糖含量是小麦的50倍,膳食纤维含量是小麦的15倍,不仅对心脑血管疾病、糖尿病有预防作用,而且对提高人体免疫力、调节生理节律及清除体内毒素等均有良好功效。有色青稞富含花青素,花青素是目前人类发现最有效的抗氧化剂,也是最强的自由基清除剂。青稞中丰富的功效成分促使青稞产品的开发向多品种、系列化、精深加工方向发展,特别是营养价值高、具有保健功能的青稞食品。

一、青稞低GI系列产品

食物血糖生成指数(Glycemic Index, GI)是反映食物消化吸收速率及餐后血糖应答的重要指标,能够确切地反映食物摄入一段时间后人体血糖的波动状态。根据GI的数值,一般将食物分为:高GI食物(GI>70)、中GI食物(55<GI≤70)、低GI食物(GI≤55)三类。大量循证医学研究显示,低GI食品能够有效预防空腹血糖调节受损和葡萄糖耐量减退,从而能够降低糖尿病的发生风险,减轻胰岛细胞的负担,避免血糖的剧烈波动,更有利于血糖保持稳定从而预防糖尿病、控制肥胖、抗高血压。

青稞的GI指数(升糖指数)仅为25,为大米、小麦面粉的1/3,是谷物粗粮中的控糖高手。这主要归功于青稞中抗性淀粉的含量较大,总膳食纤维的含量较高。青稞中的β-葡聚糖在肠道内易形成黏性溶液,能够阻碍淀粉分解和糖类吸收,从而延缓餐后血糖浓度和胰岛素水平升高等。2023年,青稞被纳入国家卫健委发布的《成人高脂血症食养指南(2023年版)》《成人高血压食养指南(2023年版)》《儿童青少年生长迟缓食养指南(2023年版)》《成人糖尿病食养指南(2023年版)》。在人们日益追求健康饮食的背景下,各类青稞低GI产品也应运而生。

（一）低GI青稞面条

食品的血糖生成指数与食品原料的配比有着重要的关系，相对于精米、精面来说，青稞具有巨大的开发低血糖生成指数食品的潜力。用青稞与小麦粉进行科学配伍制作青稞面条，可以在达到改善青稞产品口感的同时，降低其血糖生成指数。因此低GI青稞面条的制作通常包括配粉、和面、挤压和晾干等工艺。在淘宝、京东等电商平台销量第一的首先是良工坊品牌旗下的青稞低GI多谷物面，其原料包含了青稞粉、荞麦粉、燕麦粉、藜麦粉、谷朊粉、磷酸酯双淀粉以及小麦粉。其次就是"想念"品牌旗下的低GI荞麦青稞面，其原料为苦荞粉、青稞粉（>30%）、谷朊粉、小麦膳食纤维粉、魔芋粉、燕麦粉、鸡蛋白粉、抗性糊精、菊粉、桑叶提取物，慢糖挂面的主要原料为黑青稞和黑麦，其GI值在42左右。

（二）低GI青稞馒头

馒头是我国的传统主食，是以小麦粉为主要原料，发酵后经蒸汽熟化制得的面制品。普通小麦馒头的淀粉含量高，且经过发酵蒸煮后淀粉糊化程度较高，易被人体消化吸收而导致体内血糖骤然升高，具有很高的血糖生成指数，不适宜糖尿病人群食用。

青稞馒头，不仅具有较低的GI值，制作工艺也十分简单。称取一定量的青稞粉和辅料混匀后加入水，充分搅拌，成团后反复揉搓，直到面团表面光滑。将揉好的面团平均分割揉成馒头坯，放入发酵箱发酵一段时间。最后在沸水上蒸30分钟左右，取出冷却至室温，即得青稞复合馒头。并且经过工艺优化发现，添加一定量的改良剂可以改善低GI青稞馒头的弹性、咀嚼性和内部结构。添加适量的酵母，可以使馒头疏松多孔，提高面团的持气能力，增大馒头的体积。低GI青稞复合馒头比小麦馒头营养更加丰富，多酚含量也高于已报道的黑藜麦混配粉馒头和苦荞馒头，具有预防由氧化应激引起的慢性疾病的潜力。

（三）低GI青稞面包

青稞粉中所含的面筋较少，而淀粉含量相对较多，制作出青稞面包的难度较大。向青稞粉中添加一定量小麦粉可以调节混粉面团的吸水率,提高面团的黏合力和凝聚力,改变面团中蛋白质的松散状态,使面团结构稳定,降低烘焙时营养成分的损失。以青稞麸皮、谷朊粉、小麦麸皮等为主要原料,经二次醒发能制得低GI青稞面包,与使用精制小麦粉添加白砂糖的普通面包相比,膳食纤维含量高,吃后容易产生饱腹感,有助于餐后血糖的稳定,适用于控制血糖人群。以吐司预拌粉(小麦蛋白粉、燕麦麸皮粉、抗性糊精、赤藓糖醇、菊粉、燕麦粉、亚麻籽粉、桑叶提取物)、饮用水、黑青稞全麦粉(添加量>15%)、黄油、鸡蛋等为主要原料制得的黑青稞高纤维吐司(慢糖吐司),成功获得低GI产品认证,并在京东等线上电商平台出售。

（四）低GI青稞饼干

饼干是以谷类粉和/或豆类、薯类粉等为主要原料,添加糖、油脂及其他原料制作而成的焙烤食品,有酥性饼干、韧性饼干、压缩饼干、发酵饼干等13类。酥性饼干因口感酥脆香甜、保存方便受到大众青睐,但又因其含糖量高、热量高及口味单一等缺点让控糖及血糖异常人群望而却步。因此,结合青稞低GI的特点,研发多口味低血糖生成指数酥性饼干成为当前饼干产业的研究热点。低GI青稞饼干中高青稞含量保证了产品低GI产品属性,有利于高血糖人群食用后血糖的稳定。同时低GI青稞饼干复配了小麦粉、燕麦粉、谷朊粉等其他原料,营养丰富,香味浓郁,口感酥脆,一般被推荐为早餐或者零食。

二、青稞高纤粉

青稞高纤粉以青稞富纤粉为原料,经膨化、超微粉碎等工艺加工而成高含膳食纤维的谷物类冲调制品。俗话说,肠道健康人不老。肠道是身体中最先衰老的器官,肠道衰老、蠕动减慢带来的最大问题就是便秘。膳食纤维被营养学界称为"第七类营养素",主要作用是维持肠道健康。世卫组织建议,每日摄入膳食纤维量为25—35g,可事实上中国人均膳食纤维摄入量仅有13.3g,而青稞高纤粉每包添加的青稞含量高达50%,还有大麦苗、菊粉等高纤维食材,其膳食纤维是一般蔬果的几倍至几十倍,只需食用少量即可轻松补足人体所需的膳食纤维。同时，大麦苗中含有丰富的β-胡萝卜素，维生素B1、B2、B6、B12，泛酸和叶酸，还有各种矿物质。

青稞高纤粉是奇正集团旗下奇正青稞板块的主要产品。在植提桥主办的2022未来营养素峰会（FFNS）上，奇正青稞高纤粉（T-FIBER®）获得第五届天然新势力之源创技术奖。

三、青稞β-葡聚糖产品

青稞β-葡聚糖是一种主要通过β-1,3键和β-1,4键将葡萄糖单体连接而成的线性多糖，广泛存在于青稞细胞壁中。青稞籽粒中含量较高的β-葡聚糖，具有降血脂、降胆固醇、平衡肠道菌群、增强免疫细胞活性、改善大脑功能、预防心脑血管疾病等作用。另外，《中国作物学会》2015年学术年会论文摘要指出：产地海拔越高的青稞，其β-葡聚糖含量越高。因此青稞可以作为大麦中一种潜在的优质β-葡聚糖资源。青稞β-葡聚糖产品主要从青稞麸皮中经水解、提取、纯化、干燥、灭菌等主要工艺加工制成。其提取方法可以分为热水浸提法、碱提法、酶提法以及微生物发酵法，可单独使用，也可联合使用。然而从青稞中初步提取得到的β-葡聚糖含有淀粉、蛋白质、杂多糖、色素以及小分子物质等杂质，纯度不高，所以需要酶解、吸附等方法进一步去除杂质来提高β-葡聚糖的纯度。

青稞β-葡聚糖产品为其在功能性食品等方面的开发赋予了巨大潜能。其一，β-葡聚糖可以应用于奶制品。有研究表明，β-葡聚糖的合理添加可以提高酸奶中的益生菌的活力和稳定性。将β-葡聚糖代替脂肪添加到低脂干酪中，可使其硬度更高且风味更好。将β-葡聚糖添加到冰淇淋中，可提高冰激凌的膨胀率和黏度，增加其抗融性。其二，β-葡聚糖可作为功能性因子添加到烘焙食品中，可以改善烘焙食品的理化性质和风味，使烘焙食品具有功能性。比如将青稞β-葡聚糖添加到全麦面包中，全麦面包具有较低的消化率和更好的质地品质，更适合患有糖尿病的消费者食用。使用高β-葡聚糖大麦粉替代普通面粉，高β-葡聚糖面包具有更好的理化性质及感官特性。其三，β-葡聚糖可作为生

物活性成分添加到肉制品中,可提高产品质量并丰富肉制品的功能性。比如将
0.4%的β-葡聚糖作为食盐替代物添加到羊肉肉糜中,使其束水能力更强,组织
结构强度和感官评分更高。

第四节　其他类型产品

青稞炒熟、研磨成粉,就成了餐桌上的主食青稞炒面(糌粑);挑出颗粒饱
满的青稞经过蒸煮、拌曲、发酵,便成为清香醇厚的佳酿。青稞在我国涉藏地
区普遍用于磨制糌粑、酿制青稞酒,是名副其实的青藏高原农牧民群众的主
要粮食作物。其实,在生产线上,青稞被磨成粉末,还可以被压成青稞饼干、面
包、挂面……随着健康饮食概念的形成,青稞的营养价值逐步被市场所认知,
借助现代先进的工艺技术,青稞产品逐渐多样化。伴随着轻食主义的出现,以
青稞为原料的膨化食品、调味品等受到市场的欢迎。

一、青稞膨化食品

(一)青稞麦片

青稞麦片主要以青稞或多种麦类谷物为原料,添加或不添加辅料,经熟制
和/或干燥等加工制成,直接冲调或冲调加热后食用。有纯青稞麦片,也有复合
青稞麦片。青稞胚芽麦片、青稞麦片、青稞片、低GI青稞脆片等纯青稞麦片的生
产企业有青海红杞枸杞科技有限公司、格尔木云朵枸杞科技有限责任公司、昌
都市君亲农业科技开发有限公司、四川省釜香福食品有限公司等,主要分布在
西藏自治区、青海、四川等地。

青稞主要与燕麦、苦荞搭配,有青稞燕麦片、苦荞青稞燕麦片、高纤青稞
燕麦片等。为了营养更加丰富,口感更受大众喜爱,无锡五谷食代科技有限公
司生产的青稞燕麦片还添加了藜麦、葡萄干、蔓越莓干、紫薯干、草莓干。广州
萃取生物科技有限公司生产的青稞藜麦胚芽燕麦片中添加了小麦胚芽、藜麦

片、莲藕粉、速溶豆粉等。德州五谷食尚食品科技有限公司生产的谷物水果麦片中添加了椰蓉、脱脂乳粉、红提干、南瓜子仁、香蕉片、黄桃酸奶块、椰子片等。主要涉及的品牌有藏天骄、青藏部落、藏晶、藏唤、君亲、颜茁记、食芳溢、欧扎克等。

在青稞麦片的生产工艺上，研究者也做了新的尝试。经搅拌混合后的料浆通过胶体磨胶磨三遍，使料浆进一步混合均匀，并使油水充分乳化。采用新型的微波干燥工艺，制出的麦片具有青稞特有的香味，且漂浮性和水溶性好。

（二）青稞饼干

青稞饼干品种逐渐增多，新种类不断涌现。除了常见的青稞蔓越莓饼干、青稞酥饼等青稞苏打饼干、青稞酥性饼干，结合一些地方特色资源，市场上出现了青稞牦牛乳雪花酥、青稞松茸饼干、青稞蕨麻饼等特色饼干。从不同人群的需求考虑，青稞蕨麻压缩饼干因为携带方便，饱腹感强，能满足长途旅行、外出探险、加班熬夜等特殊人群的需求。同时，从青稞的功能性成分考虑，奇正青稞研发了青稞高纤饼干、低GI青稞无糖饼干等功能性饼干。西藏德琴阳光庄园针对儿童营养摄入特点及发育需要，研发了一款营养强化青稞曲奇饼干，进一步丰富了青稞饼干的品类。

（三）青稞酥

青稞酥的产品样式较为丰富，除了青稞粉、白砂糖、食用油和食用盐以外，其他配料选择多样。青稞蛋酥是将青稞磨粉，加入鸡蛋，经混合、搅拌、膨化后，混入熬制后的食糖，添加（或不添加）干果、海苔，成形，涂抹食用植物油，经烘烤、包装等工艺制成的膨化食品。一口一酥，奶香浓郁，甜而不腻，唇齿留香。不同的工艺，搭配不同的配料，比如添加黑米、小麦粉、玉米粉、糯米粉等谷物粉，红薯、紫薯等薯类，花生、南瓜仁、桃仁等坚果，从而得到不同口感和口味的青稞酥、青稞蛋酥、青稞脆皮酥、坚果青稞酥等。不同的青稞酥产品分类见表5-1。

表5-1　不同的青稞酥

产品名称	产品相同配料	产品差异配料
青稞酥	青稞粉、白砂糖	花生、芝麻、麦芽糖
青稞蛋酥	青稞粉、白砂糖、食用油	鸡蛋
青稞藏酥	青稞粉	黑芝麻、饴糖
藏乐酥	青稞粉、白砂糖、植物油、食用盐	黑米、花生、糯米、红薯、紫薯、鸡蛋、芝麻
青稞脆皮酥	青稞粉、白砂糖、食用植物油、食用盐	小麦粉、植脂末、大豆磷脂、全脂乳粉
坚果青稞酥	青稞粉、白砂糖、精炼植物油、食用盐	南瓜仁、桃仁、花生、芝麻、红枣
青稞燕麦酥	青稞粉、白砂糖	玉米粉、大米粉、燕麦粉、麦芽糖浆、芝麻
青稞蛋苔酥	青稞粉、白砂糖、食用棕榈油	红薯、麦芽糖

青稞在膨化食品上应用方式多样，除了上述的青稞麦片、青稞饼干和青稞酥，还有青稞爆米花、青稞麻花、青稞沙琪玛、青稞能量棒、青稞奶芙、青稞芝麻棒、青稞锅巴、青稞小蔬脆、青稞挞挞酥、青稞圈等多种青稞膨化食品。主要以咸甜为主，口感酥脆，营养丰富，适合各种人群食用，能满足不同人群的不同需求。

二、青稞调味品

（一）青稞醋

青稞醋以青稞为原料，经蒸煮、糖化、酒精发酵、醋酸发酵陈酿而成，具有青稞独特的清香风味，酸味柔和，较完整地保留了青稞原有的营养成分。青稞红曲醋以青稞为原料经固态发酵酿造，不添加任何色素物质，成品色泽纯正、口感独特、功效齐全，富含β-葡聚糖、γ-氨基丁酸、洛伐他丁、类黄酮等，功效兼具食用醋与保健醋的特点。有研究者从青稞醋的原料入手，以青藏高原生产的青稞、玉米为原料，配以岷县当归、黄芪等地道名贵中药材，采用固态发酵工艺制得营养丰富、澄清透明的归芃养生醋。

青稞既可以应用固体发酵技术，也可以应用液体发酵技术。经分析不同发酵方式青稞醋中的主要成分、抗氧化性及香气成分的变化，发现固态发酵青稞醋在抗氧化性、总酚含量、总黄酮含量及维生素C含量等方面均显著优于市售特级醋、一级醋、二级醋。固态发酵与液态发酵技术的具体工艺虽然有差异，但是所制得青稞醋的醋酸含量十分接近。

（二）青稞酱油

酱油的传统酿造技术起源于我国，是我国人民一日三餐不可缺少的调味品。青稞中蛋白质含量为6.35%~21.0%，平均值为11.31%，高于小麦、水稻、玉米，特别是人体必需的8种氨基酸含量均高于以上3种谷物。用青稞代替小麦作为淀粉质原料酿造酱油，不仅能满足人们多种口感的需求，还对人体健康有很好的促进作用。青稞中的功效成分，可以降低人们患糖尿病、高血压、肝病、心血管等疾病的风险。在日常饮食的同时，辅助改善人们的健康状态。

第五节　青稞加工启示

随着消费观念的转变，消费者对食品的选择不仅考虑食品的色香味，而且更加注重产品的营养均衡。人们越来越提倡绿色健康食品，青稞这种集保健食品美誉于一身的天然绿色谷物，备受广大消费者的青睐。利用青稞的营养健康功能开发主食化、大众化、附加值高的青稞产品将是未来的发展趋势，是青稞由简单加工食品向精深加工迈进的重要一步。青稞加工产业的发展，需要政府、企业、科研院所聚合发力。

一是在青稞加工制品品质提升改良方面下功夫。青稞由于其自身特点，加工制品多存在口感粗糙的问题，因此解决青稞产品口感和功效的有机结合，开发出高营养、口感优良的青稞食品将是青稞加工产业的研究趋势之一。可以在调研人群产品嗜好性评价的基础上，通过原料前处理、科学配伍、加工技术等方面的研究，开发青稞新产品。

二是深挖青稞营养功效因子，加大青稞功效产品的开发力度。从市场调研情况看，青稞产品还是以大众化产品为主，利用青稞功效成分开发的产品较少。青稞富含β-葡聚糖、γ-氨基丁酸等多种功效成分，是世界上麦类作物中β-葡聚糖含量最高的作物，其含量是燕麦的一倍多；青稞中膳食纤维含量约为20%，高于高粱、大黄米、紫米等，是很好的膳食纤维来源。青稞中γ-氨基丁酸含量均值为15.28mg/100g，高于皮大麦籽粒的8.56mg/100g，此外青稞是很好的低GI产品开发的原料。如何将青稞的这些有益的功能成分开发利用，既是挑战也是机遇。

三是加快建立青稞产品品质评价标准体系。青稞产品大部分以小麦的评定标准为参照，自身缺乏特定的评定和评价标准，对青稞类产品，如青稞面包、青稞饼干、青稞饮料等的感官评价也只是停留在参照其他同类产品普遍的评价指标进行评价，评价标准远远不够，今后还需要对青稞特有的品质建立评判标准，对行业内青稞类产品评价进行规范，推动国内外青稞产业的发展。

四是加强青稞产品推广及科普宣传。青稞是最具有高原特色的产品，是保障高原人民生活的最重要的物资。青稞具有很多营养功效，虽然青稞2023年被写入《成人高脂血症食养指南（2023年版）》《成人糖尿病食养指南（2023年版）》，但除涉藏地区外，其他地方消费者大多不了解青稞的营养价值及功效。因此，需要充分利用广播电台、公众号、自媒体等宣传渠道，摆脱地理空间的束缚和限制，强化青稞科普的宣传力度，扩大消费群体的认知。在青稞产品的宣传上，要立足优势，扬长避短，突出强调青稞的营养价值和功能性。

五是推进青稞品牌建设，完善营销手段，实现品牌价值最大化和市场营销效果最优化。加工产业要上规模、提档次、增效益，关键在于"抓两头、促中间"，即抓好产品研发、市场营销一头一尾，带动中间生产与加工。品牌的建设是青稞产业高质量发展的重要支撑，通过品牌建设，可以提高青稞产品的知名度和美誉度，增强消费者的购买意愿。品牌的发展离不开质量安全基础，要大力实施生产标准化、管理规范化，确保产品质量安全。此外，在推动青稞品牌建设的过程中，突出品牌的核心价值观念，设计符合产品定位和目标消费者需求的品牌标识、包装和形象，从而提高品牌识别度和美誉度，通过宣传，提升品牌的知名度，增强品牌影响力和市场竞争力。

第六章

青稞产业发展效益评价

青稞作为涉藏地区特色产业，是藏族群众维持生计和发展致富的重要来源，对于促进农民增收、带动企业发展、推动区域经济发展、保障我国区域粮食安全、维护地方稳定等具有突出的战略意义，在生态和农业发展中的地位不可替代。

第一节　行业发展引领

一、引领种植业发展

种植业是农业的重要组成部分，种植业稳定发展是保障国家粮食安全、促进国民经济发展和提升人民群众生活水平的重要基础。在西藏自治区、青海省、甘肃省的甘南藏族自治州、四川省的甘孜藏族自治州和阿坝藏族羌族自治州以及云南省的迪庆藏族自治州等藏民族聚居区，青稞是种植面积最大的粮食作物。2023年，全国涉藏地区青稞播种面积487.2万亩左右，占涉藏地区耕地面积近1/3，占涉藏地区粮食播种面积的60%左右，年产量130万吨左右。青稞引领种植业发展主要体现在以下几个方面。

一是加强高标准农田建设，全方位提升耕地质量。以西藏自治区为例，2023年西藏自治区续建和新建高标准农田67.40万亩，截至2023年，已累计建成高标准农田433万亩，占到2025年建设任务的97.09%。其中山南市隆子县于2023年被世界纪录认证机构（WRCA）确认为"世界最大黑青稞种植基地"，全县黑青稞种植总面积达5.16万亩。2018年开始，隆子县通过开展高标准农田建设，全县黑青稞每亩单产从2018年的245千克提升到了2022年的325千克，全方位提升了耕地质量，有效增加了粮食产量。

二是提高品种纯度，有效促进青稞良种覆盖。以甘肃省甘南藏族自治州为例，2023年甘南藏族自治州全州粮食播种面积72.2万亩，产量12.59万吨，其中青稞播种面积28.4万亩，产量4.5万吨，平均亩产158.5千克，占全州粮食作物播种面积的39.3%，占粮食产量的35.3%，青稞良种覆盖率达到97%，其中自主选育品种甘青及黄青系列播种面积25.5万亩，占比达到90%以上，在全州粮食安全中起着重要作用。此外，2023年在卓尼县、碌曲县等建立青稞原种繁育基地330亩，原种繁育基地2300亩、良种繁育基地5.5万亩，有效保障了品种纯度，充分发挥良种增产潜力，提高良种覆盖率，促进了青稞良种繁育的标准化、规模化，推动了青稞种植业的发展。

三是转变种植方式，有力推进绿色有机农业发展。以青海省为例，其海南藏族自治州贵南县利用自身优势，成片种植25万亩青稞，并通过有机肥的施用、绿色防控技术的应用实施及"耕二休一"的轮作休耕制度及机播机收、抽杂保纯、病虫草害绿色防控技术集成应用等，使其中10万亩青稞种植麦田于2015年获得有机认证，成为全国最大的绿色有机青稞种植示范基地。2023年以来青海省各青稞种植区突出绿色引领，加大高质高效生产模式集成推广，通过选用优质抗逆品种、采用轻简高效栽培技术、合理减少化肥农药用量、提高产品纯度和质量安全以及机械化生产水平等措施，集成一批绿色高效标准化生产模式，实现先进实用生产技术的应用，农田生态环境明显改善。

二、引领加工业发展

随着人们对青稞营养保健价值认识的提高和农牧民生活的不断改善，青稞被广泛应用于食品加工业、酿造工业及饲料加工业中。青稞引领加工业发展主要体现在以下几个方面。

一是标准化生产不断推进。青稞产业的不断发展广泛引起了社会各界对青稞标准化工作的关注。青稞行业现行标准共计135项，涉及种植栽培技术、良种繁育技术、地理标志、原料标准及质量安全、产品生产技术规范、机械化生产及质量安全等各方面，为青稞加工业发展提供科技保障。

二是规模化经营水平逐步提升。在国家产业振兴政策引领和资金支持下，青稞各种植区全产业链构建正处于快速上升阶段。已经形成"企业+合作社+

农户""企业+政府+农户""企业+基地+农户+市场"及"食品农产品初加工+食品生产+技术推广"等的经营体系。涌现出西藏奇正青稞健康科技有限公司、青海高谷农业开发有限公司以及多家青稞酒、省市级示范社等为代表的一批新型经营主体。经营活动涵盖了青稞良种加工销售、绿色青稞原料生产、青稞产品加工等生产环节，建成种子精选，青稞原粮、系列青稞米、青稞粉及青稞各类产品自动包装生产线。逐步形成了经营模式与电商销售模式，促进了一二三产业融合发展，助力品牌化建设进程，规模化经营水平逐步提高。

三是品牌化建设不断加强。以西藏自治区为例，西藏自治区把青稞产业作为高原特色优势产业和推动产业振兴的重要产业之一，不断加强政策引导和项目支持，2022年创建了西藏自治区第一个农牧业行业区域公用品牌"西藏青稞"。截至目前，有"春光""奇正青稞""白朗康桑""西藏藏缘""藏家金谷""圣禾""吉祥粮""雪域圣谷"等60多个青稞加工企业品牌，其中自治区级产业化龙头企业5家，国家级产业化龙头企业1家。众多品牌化建设和发展为西藏、青海等涉藏地区加工业高质量发展注入强劲动力。

四是促进产品加工向精深加工方向发展。目前全国青稞精深加工规模达到20万吨以上，开发了青稞葱香曲奇、青稞凤梨酥、青稞肉松小方、青稞沙布列饼干等上百种青稞食饮品。青稞β-葡聚糖口服液、萌芽黑青稞粉、青稞黄酮、青稞叶麦绿素等高端加工产品不断涌现，产品附加值逐步增加，推动涉藏地区产品加工向精深加工方向发展。

三、引领市场销售行业发展

随着科技的进步和人民生活的日益改善，青稞已不再简简单单地作为青藏高原人民的主食。以青稞为原料的产品也随着工业化进程和互联网经济的发展不断地呈现多样化，满足着人们的多重需求，也引导着大众的新饮食习惯。青稞引领市场销售行业的发展主要体现在以下几个方面。

一是产品种类不断增多。青稞总消费量逐年升高，青稞食用消费约占总消费的80%，其中直接食用约占70%、间接食用约占10%。青稞现有产品种类不断增多,有青稞白酒、青稞红酒、青稞啤酒、青稞汁、青稞露等饮品,青稞挂面、青稞营养粉、青稞馒头、青稞麦片、青稞饼干、青稞沙琪玛等加工食品,藏稞红、青稞苗麦绿素等高附加值营养保健品。截至2020年底,青海省青稞产品种类从"十二五"末的5大类24个品种,增加到涉及酒类、食品类和高端保健产品等7大类30多个品种。随着现代科技发展和青藏高原旅游业兴起,传统的青稞白酒等饮品加工快速扩展;居民膳食结构变化也推动具有天然、保健等特色的青稞食品加工业迅速发展。产品种类增多为销售提供了产品保障,有效促进了销售行业发展。

二是市场规模不断扩大。根据《西藏自治区统计年鉴》统计显示,2015—2019年,青稞产品出口额整体呈增长趋势,青稞产品出口额2018年比2014年增长7.42%,净增长24.07亿元,年均增长率为5.58%,五年青稞产品出口总额累计完成1735.89亿元,而2018年出口额为346.33亿元,比规划出口指标278亿元净增加68.33亿元,超额24.58%。产品内销与规模的扩大,对于打通国内、国外销售渠道具有重要作用。

三是销售平台日益增多。随着互联网的快速发展,淘宝、天猫、京东、阿里巴巴、微商城等各大电商平台相继出现。各青稞加工企业(合作社)也不再仅局限于线下销售模式,而是紧跟时代变化,大力发展电子商务。利用"互联网+",通过企业(合作社)资质、产品筛选取样、电商中心展示展销、电商平台上架的方式,对青稞产品进行宣传销售,拓宽销售渠道,推进青稞产品市场销售网络化,有效带动企业转型升级、企业增收和农民致富。在无数创业者的实干和创新下,青稞直接进入了电商的循环体系,完成了线下和线上的融合。此外,各青稞加工企业(合作社)积极组织相关产品参加产品扶贫对接会、展销会等推介会,通过电视、广播、报纸及搜狐、新浪等网络媒体,向更广泛的领域推广宣传产品,不仅增加了产品品牌宣传力度,提高了产品美誉度和知名度,还很好地展示了企业形象和生产优势,吸引相关企业的关注,进一步促进了交流合作,产品对接,有力地提升了青稞产品市场销售。

第二节　经济效益

一、促进农民增收

通过良种繁育、高标准农田建设、多元化产品开发等有力促进了青稞产业的发展，并有效促进了各青稞种植区农民增产、增收。

西藏农区家庭经营性收入的30%～40%来源于青稞。2023年，全区粮食产量达108.87万吨，其中青稞产量84.36万吨，再创历史新高；全区一产增加值215.01亿元，增长14.9%；全区农畜产品加工业总产值突破75亿元，增长25%以上；全区农村居民人均可支配收入19924元，增长9.4%，增速高出全国水平1.7个百分点。围绕农牧民收入"四大来源"，推动出台促进城乡居民增收若干举措，每季度农村居民人均可支配收入增速均稳居全国前列。

2023年以来，青海省各青稞种植区以青稞产业为依托，围绕"农牧民增收、农牧业增产、农牧区稳定"的目标，深入贯彻落实《关于加快青海省青稞产业发展的实施意见》等相关决策部署。坚持以绿色有机为方向，深度研发青稞多元化功能，促进精深加工，开拓省内外市场，提高产业发展质量和效益。按照"政府引领、市场导向、龙头带动、科技支撑"的发展思路，2023年全省种植青稞播种面积约142.23万亩，较2022年增加3.195万亩，青稞产量26.96万吨，比上年增加3.5万吨，增长14.9%。其中黄南州种植青稞达6.54万亩、海北州种植青稞达28.35万亩，形成了"千亩青稞高产+百亩青稞攻坚"的基地发展模式，主推的"昆仑14号""昆仑15号"等昆仑系列青稞良种，大幅度提高了单产和品质，为夯实全省粮食生产安全贡献了"青稞力量"。以2023年9月第2周全省主要农畜产品价格周报青稞5.2元/千克价格计，实现青稞产值14.02亿元，持续拉动农牧民群众增产增收。

在甘南藏族自治州，2023年国家乡村振兴重点帮扶县临潭县科技特派团打造了青稞良种繁育基地1000亩，在全县范围内种植青稞1.9万余亩，涉及11个乡镇47个村。开展青稞新品种提质增效技术集成培训500人次以上,累计建成青稞新品种甘青8号、甘青9号、甘青10号、甘青11号提质增效集成技术示范,生产青稞良种220吨。通过示范效应带动周边农牧民使用新品种、应用新技术,提高单产、增加总产,促进农民增收,产业增效。

二、带动企业发展

在国家政策支持下,涉藏地区大力发展青稞等特色产业,在完善产业链建设、加强品牌化发展、突破关键核心技术攻关等方面,有力促进了各青稞企业的发展。

一是不断完善产业链建设,有效促进企业青稞产业发展。在政府支持和政策引导下,青稞全产业链建设日益增强。青稞新品种选育、标准化种植、产品研发、品牌打造、产品销售和文化挖掘等全产业链共同发力,逐步形成青稞种植—初加工—精深加工—科技研发—品牌建设—销售全产业链发展格局。各青稞加工企业相继完成集约化种植、精深加工、产品研发、品牌推广等产业体系建设。以青海大垚生态农业科技发展有限公司为例,该公司围绕青稞全产业链建设,青稞产量有望达到2.2万吨以上,有力促进了一二三产业深度融合发展。

二是不断加强品牌化发展,有力推动企业青稞品牌影响。截至2023年,青稞区域公用品牌共5个,企业品牌13个,产品品牌97个,其中青稞酒类68个,青稞主食类5个,休闲类青稞食品12个,青稞品种12个。"西藏青稞"成功入选国家2022年农业品牌精品培育计划,西藏自治区山南市隆子县被确认为"世界最大黑青稞种植基地"。品牌的建设和发展不仅有力地推动了企业的影响力,带动了企业发展,还为西藏、青海等涉藏地区的地方经济、就业安置和旅游发展贡献了重要力量。

三是不断突破关键核心技术攻关,有效带动企业青稞科技发展水平。近年来在广大青稞科技工作者的努力下,不断突破青稞品种选育新技术、青稞绿色高产高效栽培新技术、青稞智能机械化新技术、青稞精深加工与智能制造技术、青稞精准营养与个性化定制技术等关键核心技术,围绕青稞预处理及制粉装备提升、新型青稞产品创制、青稞产品生产规范等深加工过程中面临的关键技术问题进行攻关和转化落地。在"青稞精深加工技术与系列产品研发及产业化"项目等产学研合作下，相继推出青稞米、青稞饮料、青稞挂面、青稞面包、青稞麦片、青稞黑醋、青稞酵素饼干等多样化的食品。青稞胚芽萌动技术生产线投产与青稞饼干生产设备、青稞麦片生产线等现代化机械进入生产车间，使得青稞加工走向自动化、智能化，有效推动了青稞各企业深加工的高质量发展，促进了科技水平的提升。

三、推动区域经济发展

青稞产业作为青藏高原地区优势产业和特色农业，对推动当地区域经济发展起重要作用，主要表现在以下几个方面。

一是依托青稞产业，打造省级（区级）龙头企业或合作社示范区，有力促进区域经济发展。以西藏自治区为例，2023年，西藏自治区新增自治区级龙头企业12家、国家级农牧民合作社示范社40家。遴选打造龙头企业亮点示范14家，农牧业招商引资签约项目19个、协议资金27.34亿元。全区绿色食品、有机农产品、农产品地理标志和名优特新农产品总数达301个，首次创建4个全国有机农产品基地，新增获批创建优势特色产业集群1个、国家现代农业产业园1个、农业产业强镇5个。随着山南市扎囊县高原有机果蔬农业科技园区于2023年9月通过自治区级农业科技园区的认定，西藏农业科技园区建成总数已达14家。其中，国家级农业科技园区4家、自治区级农业科技园区10家。经过20余年的发展，西藏自治区农业科技园区数量和规模得到显著提升。14家农业科技园区不仅覆盖了西藏的主要农业区域，而且成为雪域高原农业科技成果转化的重要平台。以拉萨国家农业科技园区为例，该园区于2003年批复建成，是第二批国家级农业科技园区。该园区紧紧围绕西藏自治区"三大经济区、七大产业带"建设，开展农牧业技术示范推广和科技服务，同时依托各级各类科技项目，先后在58个县（区）开展农作物、园艺、畜禽及牧草新品种新技术示范推广、农牧民技术培训、科技扶贫和科技咨询服务，辐射范围占全区的79.45%，有效推动当地经济发展，促进西藏农牧业现代化发展。

二是依托青稞产业，带动旅游和相关产业发展，为区域经济发展赋能。以青海为例，2015年，天佑德作坊工业旅游项目正式运营，青稞博物馆、酒道馆、青稞酒品酒体验馆等工业旅游项目充分展示了青稞酒传统酿造技艺以及产品研发、技术创新、工艺传承等内容。通过工业旅游的形式，2021年共接待游客81854人，有效推动了区域经济发展。此外，青海各青稞加工企业以青稞产业为依托，同时发展枸杞、油菜、玉米、土豆等特色产业。青海省作为全国重要的枸杞种植区和有机枸杞生产基地，是名副其实的有机枸杞故乡，年产量近9万吨，拥有青海枸杞"柴达木""神奇柴达木"等区域公用品牌，其中，"柴达木"枸杞品牌价值达92.5亿元，产品远销30多个国家和地区。

第三节　社会效益

一、保障区域粮食安全

涉藏地区的粮食安全，就是确保青稞安全，保障了青稞安全，涉藏地区的和谐稳定发展就有了坚实的基础，同时对于促进涉藏地区经济社会发展和社会局势持续稳定、全面稳定、最终实现长治久安具有重要作用。广大藏族同胞长期以来养成了以青稞磨制的糌粑作为主食的生活习惯，青稞是其他粮食和食品不可替代的青藏高原地区特有的粮食作物。一旦青稞生产发生问题，将存在难以调剂和需求刚性的困境。因此，青稞综合生产能力的提高是该地区经济发展的基石和社会稳定的基础。实施青稞全产业链发展，强化农田基本建设，坚持藏粮于地，夯实农牧业发展基础，确保青稞供给安全，无论是从政治上还是经济上都具有重要的现实意义和深远的历史意义。

2023年以来，西藏自治区全面落实粮食安全相关政策、全方位筑牢粮食安全屏障，坚决扛稳粮食安全政治责任，落实粮藏于地、粮藏于技，努力稳定粮食种植面积，有效保障区域粮食安全。全年全区青稞产量超过80万吨，青稞良种覆盖率超过90%，青稞安全的基础更加稳固。为了调动农民种植青稞的积极性，西藏进一步健全完善农民粮食收益保障机制。充足的地方储备是保障区域粮食安全的"第一道防线"，根据全区经济社会发展形势变化，自治区适时调整优化储备规模、品种结构、区域布局，建立了一定数量的动态应急储备粮和成品粮油储备，区、市、县三级储备体系进一步健全完善，储备库点覆盖全区74个县，地方储备物质基础不断夯实。同时，社会储粮能力持续增强，农户库存粮食和企业商品粮库存均有所增加。建立了辖区内中央与地方储备协同运作机制，实现功能互补、信息互通、调控互动，充分发挥了两级储备"调控市场、平衡供求、稳定粮价"的协同效应。

"十四五"期间西藏将持续完善青稞现代种业体系，抓住农业种质资源普查的契机，加强青稞种质资源保护与利用，加快育种进度，加大新品种（系）示范推广力度，进一步发挥良种的增产增效作用；加大高标准农田建设力度，实施耕地质量保护与提升行动，不断提升耕地质量水平；继续抓好绿色高质高效行动，绿色高质高效年示范面积稳定在190万亩，病虫害损失控制在5%以内，绿色防控率达到30%以上；强化政策支持，推动国家优惠政策进一步向青稞主产县（区）聚集，项目投入向主产县（区）倾斜，技术服务向主产县（区）延伸。

2023年甘肃省甘南州粮食播种面积72.2万亩，总产量12.59万吨，其中青稞播种面积28.4万亩，产量4.5万吨，平均亩产158.57千克，占全州粮食作物播种面积的39.3%，占粮食产量的35.3%，在全方位推进青稞产业高质量发展、促进青稞增产提质、助力全面推进乡村振兴、保障粮食安全中起着重要作用。

2023年云南省迪庆州青稞种植面积6.63万亩，总产量1.29万吨，平均单产194.57千克/亩，占全年粮食作物总播种面积的10.2%，占全年粮食作物总产量的7.57%；青稞收购价4—5元/千克，实现青稞产业农业产值3534万元，同比增长5.9%，为迪庆涉藏地区粮食安全、社会和谐稳定、助推精准脱贫和乡村振兴做出了积极的贡献。

青稞产业的持续发展，对于保障涉藏地区粮食安全、落实治边稳藏至关重要。

二、推动文化发展

青稞作为我国藏族人民的主要食物和藏族文化的重要载体，对于藏文化的传承具有重要意义。

青稞是文化的象征，在西藏众多的节日中，开耕节、望果节等都与青稞息息相关。西藏地区的开耕节期间，人们穿着盛装，高举青稞酒，举办各种传统娱乐活动，祈祷一年风调雨顺，在田间地头举办开耕仪式。在春耕仪式现场，村民们敬青稞酒、献哈达、载歌载舞，将独属于高原人民春耕的仪式感直接拉满。望果节是国家级非物质文化遗产之一，在每年藏历七、八月青稞成熟的时候举办，象征着果实丰收。每年此时，西藏各地区以"农民丰收节"为契机，搭建展示农民风采的特色平台，开展赛马、射箭、歌舞、藏戏等乡村特色浓郁、农民喜闻乐见、群众广泛参与的丰收盛会。期间，各地市、县区以突出弘扬民俗文化为载体，把"农+文+旅"融入"金秋第一镰"的全过程，采取文艺表演、科技宣传、推介良种、特色农畜产品展示等多种方式，进一步丰富盛会内容。一年一度的望果节是民俗的结晶，在今天倡导文旅融合的背景下，其作为综合性节日是集中展示地方社会形象的极佳平台。

青稞酒对促进民族文化交融、技艺传承、民族融合等也发挥了重要的推动作用，已经融进青藏高原方方面面。小小的青稞酒就是青藏高原自然环境、人文宗教、历史文化的集合体，也是青藏文化的浓缩。在中国白酒非物质文化遗产保护、传承和推广工作等方面，青稞着力推进酒文化的挖掘、梳理和传播，为中国白酒文化的传承创新做出了良好示范。2024年，天佑德青稞酒公司以"一祖十贤"为代表的天佑德青稞酒文化运营案例荣获"中国酒业文化运营经典案例"。同时以青稞酒为内容，建成青海AAAAA级景区之一——互助土族故土园，为传承和发扬青海青稞酒传统酿造技艺及青藏特色民族文化、传承非物质文化遗产提供了极为重要的平台。各地区举办的青稞酒文化旅游节等相关活动，也让世界各地游客感受到了当地的民俗风情，促进了青稞文化的传播。

此外，青稞文化馆的兴建也为青稞文化的传播注入强劲动力。以西藏自治区日喀则市青稞博物馆为例，该馆于2021年10月18日正式开馆。博物馆占地面积1570.34平方米，建筑面积2400平方米，是集科普、文化和现代化功能于一体的专题博物馆，是全国第一座以"青稞"为主题的国有博物馆。该馆系统地展示了青稞的起源、传播、发展和未来，诠释了源远流长的农耕文明和青稞文化。馆内藏有涉及青稞的唐卡、炭化粒、书籍、农具、种子、陶罐、石器、农耕器具产品等约460件，并不断在丰富和发展中。目前青稞博物馆参观人次达10000余人次，向世界各地游客、我国干部群众及学生等展示了西藏青稞文化以及日喀则世界青稞之乡的品牌，焕发出了西藏的特色文化魅力。西藏青稞文化让更多的人了解了西藏的悠久历史，展现了西藏青稞历史文化发展的脉络和极富民族特色的青稞文化，体现了各个时期西藏地方与祖国血浓于水的关系，彰显了各族群众交往、交流、交融的传承发展。

三、促进科技水平提升

青稞产业的发展对科技的促进作用主要体现在以下几个方面。

一是助力品种选育与更新迭代。种子是农业生产中最重要的生产原料，是现代农业发展的核心要素，是发展新质生产力的重要领域。农作物产业发展的关键就是良种的培育及繁育推广，而青稞产业发展的兴旺首先就要在种子上做文章。甘南藏族自治州农业科学研究所成立后，先后征集3023份大麦（青稞）种质资源，保存甘肃省大麦（青稞）种质资源307份，选育出甘青系列青稞新品种14个并相继在生产中大面积推广种植。其中，2003—2016年通过全国小宗粮豆品种鉴定委员会鉴定定名的青稞品种7个，占全国国审品种的78%以上，实现了甘南州青稞品种的第4次更新换代，并制定了《甘南州青稞丰产栽培技术规程》等甘肃省地方标准11项，为青稞标准化、规范化种植提供了科技支撑。

此外，通过良种繁育基地及高标准农田建设，青稞新品种引进、繁育、推广，并通过种子加工、包衣技术等，提高种子科技含量，扩大良种的覆盖面。2022—2023年甘肃省投资共计589万元建设青稞原种良种繁育基地24000亩，亩均产量可达200千克，总产达480万千克。为保障青稞原种良种繁育基地建设质量,达到预期建设成效,基地建设采用集中连片、统一播种、统一防治、统一管理的方式,进一步保障了建设的规范化和标准化。通过种子补贴推广甘青4号、甘青8号、甘青9号、甘青11号等优良品种,有力推进青稞产业高质量发展和种业体系建设,充分发挥了良种增产作用。

二是推进区域机械化水平提升。部分青稞种植区通过引进高新技术和先进农业管理理念,进一步提高青稞的耕种水平和科技含量。如西藏自治区日喀则市桑珠孜区示范区通过青稞全程机械化种植技术的优化与应用,推动了青稞标准化种植管理水平的提档升级。示范区抓住青稞收获的最佳时机,充分利用大马力机械优势,采取"割联结合"的收获作业方式,保质保量地将青稞全部收获在高产期。2023年,示范区利用先进的植保无人机为当地村民无偿开展施肥、洒药作业,代管作业耕地4700余亩,并通过传帮带,使这一技术在当地推广应用,辐射面积达10万余亩,真正让"藏粮于技"战略落地见效,为青稞丰产丰收夯实了基础。

三是促进基础与应用研究并进,突破关键技术难题。青稞产业研究依托基础与应用研究并进、院企科研联动、技术创新与软科学结合,提升以青稞为代表的高原特色农牧业研究水平、研究能力,以科技创新引领青稞产业水平取得突破性进展,促进青稞产业的提质增效,服务于国家重大生态战略,为确保青藏高原粮食安全、推进乡村振兴和绿色有机农畜产品输出地建设提供技术支撑。青稞产业研究钉对产业发展需求和关键技术瓶颈,以实现多样化、健康化、方便化加工为目标,发挥青稞平台功能,强化品质评价,改良青稞口感和关键产品稳定性,构建加工适宜性评价体系,为青稞产业发展提供体系保障。同时,突破青稞高效制粉、青稞粉类稳定化、青稞高值产品绿色加工、功效成分综合利用、生物功效解析等关键技术难题,为青稞产业发展提供了技术保障。

四是推动生产要素与大数据服务体系融合。以西藏自治区为例,西藏自治区日喀则市青稞产业大数据中心自建立以来,推出18项涉农服务,实现3万余亩制种基地数字化管理,打通了日喀则市农业农村局9套涉农系统27类数据。以数字化方式办理颁发了西藏第一批农机驾驶牌照，将卫星遥感、物联网、大数据、云计算等信息技术同特色农牧主导产业提质升级紧密融合，推动青稞产业大数据服务体系、数字化青稞种植应用示范基地、数字青稞标准化生产经营体系的建设，为全产业链的数字化转型升级、全域推广服务奠定了基础，有效促进了青稞产业科技水平和产业种植加工高质量发展。2023年9月，《西藏日喀则市青稞产业大数据中心建设》入选农业农村部"2023年智慧农业建设优秀案例"。

在广大青稞科技工作者的共同努力下，我国青稞科技总体水平明显提高，青稞加工技术的创新作用日益凸显，新产品不断增加，为产业规模经济效益的平稳增长、产业规模集约化水平的提高、产品结构及质量安全水平的改善以及现代粮食产业体系的构建提供了有效支撑。"农业+新质生产力"在政策引领、科学部署、多方推动之下，终将激发无限潜能，成为连片的"风景"，为农业强国注入新动能。

四、助力乡村振兴

近年来，随着青稞种子繁育基地、青稞商品粮生产基地和青稞加工专用原料生产基地建设力度的不断加大，青稞优良品种和实用技术得到广泛推广和应用。青稞产业在高寒地区乡村振兴中显示出了独特的优势和特点，已成为巩固脱贫攻坚成果和乡村振兴的优选产业。

据统计，目前西藏自治区以青稞加工为主的龙头企业达到37家。随着乡村振兴战略的深入实施，各青稞加工企业时刻把乡村振兴作为自身发展的使命与责任，积极探索农产品产销对接新模式。通过开展"公司+合作社+农户"模式，以高于市场价格订单式收购青稞，有效促进了当地农村青稞种植户实现增收。以西藏德琴阳光庄园有限公司为例，其在青稞加工技术、加工规模、研发实力、带贫机制等方面成为西藏和四省涉藏地区的农业龙头企业，并已成功带动当地2000余名贫困人口顺利脱贫。

青海省委、省政府高度重视青稞产业发展，并将其列为全省农牧业十大特色产业之一。在坚持有效保障口粮的同时,大力发展青稞精深加工业,力争实现青稞产业高质量发展新突破,带动农牧民脱贫增收。以青海大壵生态农业科技发展有限公司为例,为提高市场竞争力,更好地带动贫困地区农牧民增收,近年来,青海大壵全力布局青稞全产业链项目建设,改善和提升项目区青稞产业生产条件,提高效益产出水平,推进青稞产业向"高产、优质、高效"发展跨越。青稞全产业链项目建设实施后,青海大壵青稞种植基地面积将达到10万亩,人工饲草收贮、加工机械化水平进一步提高,可直接带动农户2000户,户均年纯增收3000元以上,新增就业岗位300人,社会经济效益显著。

全面建设社会主义现代化国家,实现中华民族伟大复兴,最艰巨最繁重的任务依然在农村,最广泛最深厚的基础也依然在农村。推进中国式现代化,必须坚持不懈夯实农业基础,推进乡村全面振兴。青稞产业的持续发展,有利于保障我国涉藏地区粮食安全、推动乡村产业高质量发展、促进藏族群众就业增收,助推青藏高原地区实现乡村振兴。

第四节　生态效益

一、助力乡村治理

各青稞种植区依托青稞产业,学习运用"千万工程"经验,因地制宜、分类施策,将地区优势和青稞等特色产业转化为发展胜势,形成产业兴、百姓富、环境美的良好局面,有力助力乡村治理。

2023年,西藏自治区以产业发展为先驱,为乡村治理"壮骨"。依托青稞等特色产业优势,完善配套设施,对青稞等优势产业进行提质增效,提升产业增值空间,带动群众增收致富。在发展青稞产业的同时,一是严格落实"一控两减三基本"农业面源污染防控措施,化肥、农药使用实现减量增效,畜禽粪污、秸秆综合利用率分别达到92%、96%以上,废弃农膜回收率达到88%,受污染耕地安全利用率达92%以上,确保青稞等优势作物产地源头安全;二是扎实推进乡风文明治理,深入实施"1+3+N"工程建设,常态化开展乡村人居环境整治十项行动,合理规划青稞耕地,稳步提升全域景观颜值;三是依托青稞等优势作物产业,深化农村土地制度改革,启动第二轮土地承包到期后再延长30年整省试点,深化集体产权、集体林权、农垦、供销社等改革,促进新型农村集体经济发展。此外,《西藏自治区农作物病虫害防治办法》《山南市农牧区人居环境治理条例》于2024年3月起施行,为全面推进人居环境整治行动,进一步改善人民群众生产生活环境提供了强有力的法治支撑。

各青稞种植区以青稞等优势作物为产业依托,以"创新乡村治理,促进乡村振兴"为目标,推进青稞产业发展的同时,不断加强和健全乡村治理体系,夯实乡村治理基础,筑牢乡村有效治理的基石,循序渐进、久久为功,有效地提高了乡村治理水平。

二、促进生态改善

青藏高原地理环境与气候特殊,需要在经济发展过程中加强对环境的保护。绿色循环经济可以在实现经济增长的同时保护生态环境,可以实现资源、环境、区域经济发展和人口就业问题的可持续协调发展。在生态文明背景下,青稞产业采用可持续的生产方式与技术,提高资源利用效率,减少污染排放,从而降低对环境的影响,有效促进生态改善。主要体现在以下几个方面。

一是节省食物加工中燃料的使用,有利于保护植被生态。青稞种植区普遍生态环境脆弱,气压低难以熬煮食品,农牧区燃料缺乏,青稞炒制后即食即用,有利于节省食物加工中的燃料,促进保护植被生态。

二是提高产量,实行退耕还草,壮大生态建设工程。以西藏自治区为例,其作为青藏高原的主体,坚持绿色高质量发展符合将青藏高原打造成全国乃至国际生态文明高地的要求。2023年11月召开的西藏全区生态环境保护大会提出,"加快构建绿色低碳发展方式,持续优化国土空间发展格局,加快形成绿色低碳产业体系"。在青稞产业方面,通过青稞新品种和高产高效栽培技术的推广应用,使青稞生产水平明显提高,进而促使部分劣质的边际耕地有效退出农耕体系，实行退耕还草，从而壮大生态建设工程，有助于生态改善。

三是扩大了饲料饲草来源，减轻草场载畜负荷。青稞秸秆作为涉藏地区牛、羊等牲畜的优质饲料，有效减轻了草场载畜负荷。青稞产量的提高还伴随综合生物产量的同步增长，扩大了饲料饲草来源，进一步促进了生态工程建设的顺利进行和生态区植被的就地保护。

四是深化青稞全产业链建设，有效促进生态治理。以青海省为例，青海省积极引导域内青稞加工企业开展青稞的生态种植、绿色加工，深入实施青稞全产业链建设，以生态和品牌统领产业高质量发展。青稞种植基地的生态效益一方面表现在提高植被覆盖度，增强保水固土能力。通过流转荒滩地，植被覆盖度由30%～40%调高到95%～100%，以起到保水固土作用。据资料统计，种植青稞的土地在大雨状态下，可减少地表径流47%，减少冲刷量77%，保持水土能力比其他作物农田高5倍。另一方面表现在改良土壤，培肥地力。青稞根具有较强的固氮作用，长期做好青稞种植，有利于恢复土壤肥力。围绕粮食安全保障和质量兴农战略、盐碱地荒坡地退化地修复改良，青海省积极打造国家生态粮草蔬菜基地产业园项目，在土地退化、盐碱荒漠化较严重的德令哈等地区开展实施土地修复改良建设国家生态粮草蔬菜基地产业园项目，以生态粮草蔬菜种植进行土地改良和地力提升，实现高标准农田建设，有效解决困扰现代农业发展最为基础的土地质量提质升级难题，实现生态治理。

第五节　总体评价

2023年以来，青稞各种植区深入贯彻习近平新时代中国特色社会主义思想，深入贯彻落实党的二十大和二十届二中全会精神，全面落实党中央、国务院各项决策部署，青稞产业在种植、加工和销售等各环节都取得了不错的成绩，并在保障区域粮食安全、推动乡村产业高质量发展、促进藏族人民群众就业增收、助推涉藏地区实现乡村振兴等方面做出重大贡献。

青稞在青海、西藏、甘肃等地区种植面积广泛，具有重要战略地位。企业投资建设了现代化的青稞加工厂，生产出各种青稞制品，在国内外市场上备受青睐，销量稳步增长，满足了市场需求。青稞产业的发展不仅带动了当地经济的发展，还促进了农村产业结构调整和农民增收致富。青稞产业的发展需要大量的劳动力参与种植、生产和加工过程，因此能够创造大量的就业机会，带动当地农民增加收入。作为一种重要的农产品，青稞的增产和增值可以有效提高当地农民的收入水平，改善农村居民生活品质。此外，青稞产业的发展，还能带动相关产业链的发展，促进地方经济的繁荣和社会稳定。

作为传统的高原作物，青稞在改善高原环境，助力乡村治理，促进生态平衡和可持续发展等方面具有重要作用。青稞具有较强的生态适应性，能够在高寒、干旱、高原等恶劣环境条件下生长，有利于改善土壤环境，减少对土壤的耕作和施肥依赖，减少土壤侵蚀和土壤贫化，有利于保护水源地，减少水土流失，有利于维护和改进高原生态环境，提高生态环境质量。青稞作为一种优美的高原景观作物，具有一定的观赏价值，有助于丰富和美化生态环境，提升区域的生态旅游吸引力。涉藏地区的青稞文化历史悠久，通过发展青稞产业可以传承和弘扬当地的民俗文化，保护传统农业文化遗产。

总的来说，青稞产业的发展对于涉藏地区经济的促进和农民生活水平的提高都有着积极的影响，是一项具有潜力的产业。青稞产业的发展对当地社会经济发展、环境保护和文化传承都有积极的促进作用，可以实现经济效益、社会效益和生态效益的良性循环。应进一步深入推进青稞产业发展，推进青稞绿色高产创建示范，提高青稞单产水平；加强农业生产合作社组织水平与经营能力，引导农民将土地流转到生产基地，进行专业化生产的同时严格保证青稞品质；充分发挥加工企业的市场带动作用，深度挖掘青稞的营养价值与功能特性，开发技术含量高、附加值高、精深加工度高的优质营养保健产品，满足市场日益增长的对绿色、安全、健康、营养的高原青稞产品需求。

第七章

青稞产业发展趋势与对策

随着我国社会经济的发展和人民生活水平的提高，人们在追求丰富物质生活的同时对健康的关注也越来越高。而青稞既是青藏高原地区主导优势作物和藏族群众的主要口粮，也是禾谷类作物活性成分含量最高的功能粮食，具有耐寒性强、生长期短、高产早熟、适应性广等特性。高产、优质、多抗、多元个性化育种及其配套技术的集成示范推广，在推动青稞产业发展和保障藏族地区粮食安全方面发挥了重要作用。青稞籽粒功能成分（β-葡聚糖、多酚、母育酚、抗性淀粉等）可防治多种人类慢性病且功效显著。"十三五"以来，青稞产业链进一步完善，青稞种植向规模化、机械化、标准化转变，单产水平不断提高，原料品质不断提升，加工技术不断优化，生产企业研发能力逐步增强，多元化产品频频出现，品牌培育能力加快发展，青稞产业进入了发展快车道。青稞产业持续平稳发展，对于确保涉藏地区粮食安全、维护边疆地区稳定、促进民族地区经济发展均具有重要现实意义。

青稞产业链主要聚焦于品种选育、种植、加工、销售等环节，青稞产业的高质量发展需要在各个环节上持续发力。青稞品种选育和种植为青稞产业提供了原料基础，加工技术和产品创制为青稞产业发展提供了技术保障，销售为青稞产业提供了内在动力。针对青稞产业面临的机遇与挑战，我们进行了分析，提出了对策建议，以期为青稞产业高质量发展提供依据和参考。

第一节　青稞产业发展趋势

一、青稞种植技术发展趋势

青稞新品种选育，高产是永恒主题、品质改良是重点、病虫害抗性是选择、逆境是方向、养分高效利用是目标、适宜机械化作业是时代特征。高产、稳产、优质、适应机械化是现代农业对各种作物品种的共同要求，是国内外作物育种的主要目标，同时也是作物优良品种必备的基本条件。农艺农机融合配套以做到机械播种、机械施肥、机械收获。

（一）青稞品种选育新技术

国内青稞育种还停留在以常规杂交育种为主，小孢子育种为辅，分子标记辅助育种、全基因选择、分子设计育种等前沿技术应用相对不足且仅停留在基因功能验证阶段。小孢子育种技术相对成熟，尤其是上海农科院小孢子技术为全国青稞育种单位提供技术支持和服务，培育出一批优质高产青稞品种（系）。但全基因组选择、基因编辑、分子设计等育种前沿技术还处于探索与研发阶段，尚未应用到品种的定向高效遗传育种及种质改良当中。

育种是一门平衡学，是集科学、艺术、哲学于一体的综合性系统科学。可以预见未来随着分子育种技术和常规育种技术交叉发展，渗透融合，最终形成一个全新的青稞育种科学体系。

1. 杂交育种

杂交育种是通过不同品种间杂交获得杂种，继而在杂种后代进行选择以育成符合生产要求的新品种，这是国内外广泛应用且卓有成效的一种育种方法。现在各国用于生产的主要作物的优良品种绝大多数是通过杂交育种方法选育而成。

杂交育种在我国的作物育种工作中占据很重要的位置。如我国选育的藏青2000等藏青系列品种，甘青8号、甘青9号等甘青系列品种，昆仑14、昆仑16等昆仑系列品种，陇青1号、陇青4号、陇青5号、陇青6号、陇青7号等绝大多数青稞品种为杂交育种选育而成，由此可见杂交育种方法在作物育种中的重要意义。

杂交育种通过杂交、选择和鉴定，不仅能够获得集亲本优良性状于一体的新基因型，而且由于杂种基因的超亲分离，尤其是那些和经济性状有关的微效基因的分离和累积，在杂种后代群体中还可能出现性状超越任一亲本，或通过基因互作产生亲本所不具备的新性状的基因型。

但是，杂交仅仅是促使亲本基因组合的手段，由于杂合基因的分离和重组，育种家必须在这一过程中，选择出符合育种目标而且纯合定型的重组类型，再通过一系列试验，鉴定筛选出品系的生产能力、适应性以及品质等，使之成为符合育种目标的新品种。因此，杂交、选择和鉴定成为杂交育种不可缺少的主要环节。为了达到杂交育种的具体目的，发挥其创造性作用，在育种开始以前，必须拟订杂交育种计划，包括育种目标、亲本选配、杂种后代的处理等。

杂交后代的选择方法有，系谱法（pedigree method）、混合法（bulk method）、衍生系统法（derived line method）、单籽传法（single seed descent method, SSD法）等。

2. 小孢子育种

小孢子培养技术是近年来发展起来的一项高效的单倍体育种手段，与花药培养相比，小孢子培养由于去除了药壁组织，解除了小孢子个体之间的营养和空间竞争，因而培养效率更高。目前青稞育种为常规杂交育种，育种手段落后且耗时较长，一般需要10—14年，小孢子育种大大缩短了育种年限。如近年来甘肃省农科院、上海农科院、甘南州农科所合作利用小孢子培育技术成果选育出陇青2号、陇青3号等2个青稞新品种，其小孢子培育步骤如下：

a. 选择优质种质资源，人工杂交组配杂交组合，获得足够的杂交种子，籽粒成熟统一混合收获，风干保存，收获杂交种子即为F0代；

b. 将F0代种子种植到田间即为F1代，成熟时收获F1代种子，风干保存；

c. 将F1代种子种植到田间即为F2代，F2代大量分离，待孕穗时选取健壮无病植株进行小孢子培育；

d. 将F2代供体植株在白天15℃，夜晚12℃下，选择旗叶距为2—10cm的穗，用解剖刀轻轻地切下，再从穗顶切下芒，将70%酒精喷到穗子上，将穗放在工作台70%酒精湿纸巾上，让酒精挥发；

e. 酒精挥发30分钟后，开始取花药，用两个细镊子在显微镜下从每个小花中取出三个花药，然后将花药放在培养皿中的预处理培养基上，用石蜡封口膜密封培养皿，在培养皿上贴上标签，置于24℃黑暗条件下培养3—4天，然后将花药研磨，培养液以150g离心10min，提取小孢子；

f. 将小孢子放在诱导培养基中, 在24℃的暗室中培养12—14天;

g. 将愈伤组织在再生培养基中, 在24℃下, 光照16h、黑暗8h, 荧光白炽灯的光强度为200μE/m2s、70%—80%相对湿度的生长室培养10—18天, 得到嫩苗;

h. 将嫩苗放在生根培养基中, 在20℃—25℃下, 光照14—18h、黑暗6—10h生根培养14—30天, 得到生根植株;

i. 用细水雾移栽到土壤中保持水分或水培2周继续培育, 在光照16h、黑暗8h、24℃的条件下生长, 获得高产青稞的稳定株系。

3. 分子标记辅助选择育种

分子标记(Molecular Markers), 是以个体间遗传物质内核苷酸序列变异为基础的遗传标记, 是DNA水平遗传多样性的直接反映。DNA分子标记的优越性有: 大多数分子标记为共显性, 对隐性的性状的选择十分便利; 基因组变异极其丰富, 分子标记的数量几乎是无限的; 在生物发育的不同阶段, 不同组织的DNA都可用于标记分析; 分子标记可揭示来自DNA的变异, 表现为中性, 不影响目标性状的表达, 与不良性状无连锁; 检测手段简单、迅速。随着分子生物学技术的发展, DNA分子标记技术已有数十种, 被广泛应用于遗传育种、基因组作图、基因定位、物种亲缘关系鉴别、基因库构建、基因克隆等方面。目前, 国内青稞育种中分子标记技术应用相对不足且仅停留在功能验证阶段。

(二)青稞绿色高产高效栽培新技术

针对我国青稞种植区资源环境承载能力趋紧、近年来青稞种植区农业资源利用强度过高和农业废弃物综合利用不充分并存的现状, 政府倡导青稞种植区推广绿色清洁栽培, 通过全程绿色清洁栽培管理, 改善农田生境, 促进青稞产区生产环境与人居环境绿色协调和可持续发展。青稞绿色栽培是指以我国青稞产区农业绿色可持续发展为核心, 协同集约农作、高效增收、生态健康、气候变化、农业循环经济等农业生态学前沿理论与技术的快速发展, 同时采取生态调控、物理调控、生物防控与精准高效施药相结合, 有效减少化肥农药用量, 减控污染, 提升青稞生产的"三品一标"水平, 促进青稞生产向绿色高效方向转型,为发展绿色高效农业奠定重要基础。主要的措施为轮作倒茬、化肥农药减量增效、病虫草害绿色防控等。

1.选择茬口

青稞对前作要求不严格,任何作物之后都可以种植,但应该尽量避免连作(重茬)。连作地力消耗大,病虫害多,会影响青稞的产量和品质。青稞的优良前茬为玉米、甜菜、油菜、马铃薯、豆类、瓜类及向日葵等中耕作物。因为中耕作物收获之后,田间杂草少,同时由于中耕作物一般施肥较多,收获后的土壤中养分相对比较充足。但在旱作地区,玉米、向日葵等高秆作物由于田间耗水量大,土壤水分匮乏,若遇干旱年份将可能导致青稞减产。

2.平整土地

前作是夏收作物的,其收获后应立即进行深耕晒垡;前作是秋收作物的,收获后也应立即进行深耕灭茬整地。整地要做到"早、深、多、细",充分熟化土壤,创造松软细绵、上虚下实的土壤条件。甘肃省青稞产区开春后,气候干燥,蒸发量大,又常常是"十年九春旱",所以,在年前整地的基础上,早春还应该及时耙耱保墒。早春积雪多的地区,可以趁冻耱雪,促使积雪早化,以便按时播种。山旱地要多碾多压,提墒抢种。为适时早播,提高播种质量,保证苗全、苗齐、苗壮,需提供深、细、平、实的土壤环境。

3.种子准备

播前选用发芽率高、发芽势强、无病虫害、无杂质、大而饱满、整齐一致的青稞作种子。这样的种子播后出苗快,出苗整齐,而且根系多,幼苗叶片肥大,分蘖粗壮,利于培育壮苗。

（1）晒种与选种

晒种能加速种子后熟,改善种皮通透性,从而增强种子活力,提高种子发芽率和发芽势。通过晒种还可以杀死种子表面的病菌,驱赶和杀死种子害虫。经过晒种一般可以使发芽率提高5%—10%,并且使种子出苗快而健壮。

（2）药剂拌种与包衣

药剂拌种是在青稞播种前将种子拌上药剂防治病虫害的方法。拌种用的药剂是粉剂时,种子必须干燥,拌药后最好闷种,若为湿剂,一般随拌随播,以免发生药害。可用3%的敌委丹,按种子量的1‰—2‰拌种或包衣,可以有效防治青稞病虫害。

4. 适期早播

适期早播是全苗壮苗的关键,它有利于青稞生长发育,培育壮秆大穗,是提高青稞产量和大面积均衡增产的重要措施。也可以延长从播种到出苗的时间,胚根的生长速度较胚芽鞘快,有利于多生根、生长根,提高抗旱和吸肥能力。同时,出苗较早,从出苗到拔节的时间延长,分蘖增多,成穗率提高。而且,从拔节到抽穗的时间较晚播的长,幼穗分化的时间也长,有利于形成大穗,成熟期也相对提前,可减少干热风危害的概率。晚播青稞的根少、蘖小、穗小、产量低,但播种过早、播种质量差、出苗率低,也将影响产量。

5. 合理密植

合理密植首先要根据具体情况确定每亩适宜的基本苗数,再由基本苗数来确定合理的播种量。正确的播种量是合理密植的基础。

播种量的确定主要依据基本苗的多少,还要考虑千粒重、发芽率及田间出苗率等因素。青稞的千粒重因品种不同、种子的饱满度不同导致差别很大,因此,用于播种的种子每千克重量的粒数相差也很大。另外,发芽率不同、播种质量问题及地下害虫等原因也影响出苗的多少,将这些因素统筹考虑来确定实际播种量比较合理。通常田间出苗率按85%计算比较符合实际,可以用以下公式来计算播种量:每亩播种量(千克)=(每亩计划基本苗(万株)×千粒重(克)/(1000×1000×发芽率×田间出苗率)。在确定具体播种量的时候,还需要考虑以下几个方面的因素。

(1)地力条件

土壤肥力水平过高时,若播种量也加大,则容易造成旺长,田间通风透光差,最后倒伏而减产。在肥力水平较低的旱薄地,若播量过大,植株生长不起来,也会导致减产。

（2）播种期

同一品种在早播情况下，一般分蘖成穗率高，可适当少播；反之，晚播分蘖成穗率低，播种量则应适当加大。

（3）品种

早熟品种、成穗率低的品种，应适当多播；晚熟品种、成穗率高的品种，应适当少播。

6. 合理施肥

按当地施肥条件有机肥替代部分化肥，高等肥力地块有机肥可替代50%化肥，中等肥力地块有机肥替代30%化肥，低等肥力地块有机肥替代10%化肥，有机肥质量符合NY525规定。一次性施足，不提倡追肥，以防贪青晚熟，造成倒伏。必要时结合浇头水可少量追施氮肥，一般纯氮22.5—37.5千克/公顷即可，避免中后期过量施用氮肥，贪青晚熟，造成倒伏。在施用时间上，要掌握"基肥足、追肥早"的原则。在条件许可的情况下，最好作为基肥一次性施入，而且应该多施有机肥。

7. 合理灌水

根据青稞分蘖早、幼穗分化早的特点，适期早灌头水可促进分蘖成穗和增加穗粒数。有灌溉条件的地区应在2叶1心至3叶1心时尽量早浇头水，慎浇2水。

青稞的灌溉可以起到以水调肥、满足青稞旺盛的蒸腾和夺取高产的需要。青稞开花灌浆期的需水量约占全生育期的1/3以上，及时浇好灌浆水，对产量的作用将是十分重要的。青稞的灌水时期与次数必须因地制宜，根据水利条件、土质、墒情、苗情来决定。在灌溉条件较好的井灌区和土壤保水能力差的沙质土壤地区，可以在灌浆后期多浇一次水。在水利条件差、水源不足、全生育期只能浇一次水的地方，也以灌浆初期浇水为宜，可以重点保证灌浆中后期对水分的需要。

8. 病虫草害综合防治

（1）种子处理

精选和晒种后用40%卫福悬浮剂乳液按种子重量的0.3%兑水进行包衣（包衣率100%），或用立克锈按种子重量的0.2%—0.3%兑水进行包衣，晾干后播种，有效防治青稞条纹病、锈病、黑穗病等病害。

（2）防除杂草

对杂草的防除，除了田间利用机械或人工进行除草外，还要采取系统的综合防治方法才能取得较好的成效。如轮作、正确而及时的土壤耕作、精细的种子净化、路旁及地块周围杂草的清除、水渠中种子及杂草的清理等都是保护农田清洁、防除杂草综合措施中不可缺少的环节。

对田间双子叶杂草用2.4-D丁酯，用量0.75—1.05千克/公顷，于青稞苗3—4叶时喷洒防治。野燕麦用40%燕麦畏乳油2.25千克/公顷，兑水300千克在播前七天结合耙地进行土壤处理；或用5%唑啉草酯乳油（爱秀）按900毫升/公顷在分蘖期喷洒防治；野燕麦较多的地块应采取轮作倒茬防治，以减轻杂草危害。冰草主要发生在田边地埂，可以在青稞收获后用草甘膦按使用说明进行喷洒。

对青稞使用除草剂，以相对干燥的早晨和暖和、无风的天气最好。施用除草封闭剂时要注意保持土壤表层湿润。化学除草应注意青稞较其他禾谷类作物对化学除草剂更加敏感，尤其是1 2叶期幼苗。在此阶段除草剂会对植株产生较强抑制，延迟其发育，甚至中毒死亡，其结果使产量降低。所以，防除青稞田间单子叶杂草的除草剂必须在出苗前使用；防除双子叶杂草的除草剂必须在分蘖盛期进行，因为这时青稞植株对除草剂的敏感性减弱了。另外，过分提高除草剂的浓度或用量都是不允许的，否则会造成穗子畸形，出现青稞籽粒颖壳不连生的现象。

9. 防止倒伏

青稞茎秆的秆壁较小麦薄而质地较松软，加之根系少而浅，这是青稞较小麦易倒伏的内在因素。另外，如果肥水使用不当，容易造成青稞基部节间脆弱而加长，也是倒伏的重要原因。所以，青稞在高肥条件下，虽然形成了高产群体，但经常会出现严重倒伏，从而导致减产，籽粒品质也严重变劣。

防止青稞倒伏的主要方法，应依靠选择抗倒伏的优良品种和采用良好的栽培技术来解决。其中包括一整套综合措施，为青稞创造最适宜的条件，以获取具有优良工艺特性的高产青稞。除此之外，在青稞后期灌水时必须注意天气状况，即在晴朗无风的条件下进行，并且严格控制灌水量，也是防止倒伏的重要措施。

10. 适时收获

采用人工收获时应在蜡熟末期，即75%以上的植株茎叶变成黄色，籽粒具有本品种正常大小和色泽；机械收获时应在完熟期，即在所有植株茎叶变黄时进行。

11. 充分晾晒、入库

收获后尽快脱粒晾晒，当籽粒含水量低于120g/千克时，及时进行精选包装入库，避免受潮、霉变和粒色加深，并且不同品种分别入库存放，严防混杂，影响酿造品质。

（三）青稞农艺农机融合新技术

目前我国国民经济正处在高速发展时期，要提高农业生产率，农业机械化势在必行。我国青稞产区山地多、平地少，要实现青稞生产的机械化，一是设计或改进现有稻谷、小麦生产的机械以适应现有青稞生产的机械化；二是要选育适应机械化作业的新品种。从我国广大农村来看，随着产业结构的调整，经营规模的不断扩大，种田专业大户将不断出现，种地实现机械化也是势在必行。

我国青稞主要种植在农业生产水平相对落后，自然资源相对恶劣的高海拔冷凉区，沟地、山地、旱地较多，平地较少，农户思想比较保守，不易接受新事物。综观青稞种植区域，全程机械化生产普及率较低，尤其是农牧交错地区基本生产环节的机械化严重滞后，已成为我国青稞生产全程机械化"卡脖子"的环节。近年来随着政府部门的支持和农技人员的不断攻关与创新，青稞良种精选、整地、播种、病虫害防治、收获等环节的机械化已开始走进千家万户，逐渐走向成熟。

从育种学方面看，选育适宜机械化收获的青稞新品种是实现我国青稞产业现代化的一条必由之路。我国现有推广的青稞品种大多数为多棱品种，灌浆后穗头较重，加之大多数青稞茎秆弹性较差，容易发生倒伏，且成熟后容易落穗、落粒，不利于机械化收获。近年来我国选育出抗倒伏能力较高的多棱青稞品种，如藏青2000、昆仑14等。因二棱品种较多棱品种穗头小而且灌浆后穗头较轻，茎秆弹性较好，抗倒伏能力较多棱品种强，且成熟后不宜落穗，所以二棱品种更适宜机械化收获。如二棱青稞品种陇青1号的选育及推广，解决了甘肃省山丹军马场多年青稞生产中轻简化、机械化收获的难题。

要实现青稞生产的机械化，还需要设计和改进稻谷、小麦等生产的机械，以适应现有青稞生产的需求。四川省农业机械化研究设计院完成并颁布地方标准《青稞全程机械化生产技术规程》。青稞生产机械化，利用化学除草、病虫害绿色防控等技术措施，采用自走式喷杆喷雾机、植保无人机喷洒，从而减轻青稞田间管理的劳动强度，解放部分劳动力，实现田间管理轻简化，利用播种机、割晒打捆机、收割机或大型联合收割机，提高青稞生产效率，减轻劳动强度。青稞机械化栽培集成与示范技术是一种节本增效的新技术，能够提高青稞的生产效率，达到省工、省力、简便、高效的目标。

二、青稞食品创制技术发展趋势

目前，青稞营养食品的创制技术主要包括加工技术、营养配方技术、保鲜技术等。其中，加工技术是青稞营养食品创制的关键。常见的青稞加工技术包括炒制、干制、蒸煮等，这些技术可以使青稞中的营养成分得到较好的保留和提取。另外，营养配方技术也是青稞营养食品创制的重要技术之一。通过科学合理的营养搭配，可以使青稞食品的营养成分更加全面、均衡。同时，还可以根据不同人群的营养需求，设计出不同的营养配方，以满足不同人群的营养个性化需求。保鲜技术也是青稞营养食品创制中不可忽视的一个环节。保鲜技术可以有效延长青稞营养食品的保质期，保证其营养成分在标准范围内。保质期的延长,将扩大产品销售范围,为青稞产品跨区域销售奠定基础。常见的保鲜技术包括真空包装、充气包装、冷冻、干燥等。

青稞营养食品作为一种新型的营养保健食品,具有丰富的营养价值和保健功能,对消费者的健康有着重要的应用价值。因此,为了解决青稞营养成分和风味尽可能地保留、青稞产品口感进一步提升、青稞产品保质期得到延长等重点关键问题,新型食品加工技术、保鲜技术、配方技术等在青稞食品创制中会得到全面应用,主要有以下技术。

（一）磁场技术

1.杀菌领域

高强度的脉冲磁场具有良好的微生物杀灭效果,应用于农产品杀菌时具有时间短、效率高、能耗低、条件温和等优点,且对产品的组织结构、营养成分及感官品质影响较小,因而较其他热杀菌方法更具优势。目前,关于脉冲磁场杀菌机理的解释尚未统一,其中较为普遍的是:高强度脉冲磁场通过产生多样电磁效应,如感应电流、洛伦兹力和电离效应等,使微生物体内细胞代谢紊乱或结构被破坏,进而达到致死目的。具体来说,一方面是脉冲磁场的间接作用,如细胞内部自源性磁性物质或带电粒子与外界磁场响应,产生感应电位差或洛伦兹力效应,进而诱导细胞死亡,以及电离效应,即强磁场加速带电粒子摩擦,导致分子分解和电解成为阴离子和阳离子,这些离子穿过细胞膜,作用于胞内物质以抑制细胞代谢;另一方面则是强磁场的直接破坏作用,主要包括其频率和强度瞬时变化产生的振荡效应和不可逆的"电穿孔",区别于传统的"电穿孔"理论,细胞会同时受到磁场和感应电流作用,而被瞬时产生的冲击能量破坏。近年来,相关研究内容大多将细胞膜作为脉冲磁场的主要作用靶点,且聚焦于脉冲磁场处理后,细胞膜的结构功能变化、DNA损伤程度、胞内物质溢出以及异常的呼吸代谢和钙离子跨膜等。

2.功能成分提取领域

磁场可用于农产品中功能性成分的辅助提取,在外部磁场作用下,含抗磁性物质的溶剂会产生与外磁场方向相反的附加磁矩,而获得额外能量,使溶质扩散系数和溶解度增大，从而提高溶剂的萃取能力。研究发现静磁场可提高枸杞中黄酮物质的醇提得率，将提取液置于640mT的静磁场中磁化40min，控制磁化温度65℃，浸提回流60min得到最佳的提取效果，枸杞黄酮的提取率可达290.81mg/100g，较空白组提高约7%。此外，磁场用于辅助提取茶叶中营养物质时，不同磁场类型也会展现出较大的效果差异。采用100mT，50Hz的交变磁场可显著提高茶叶中咖啡因和矿物质的提取得率，而相同强度的静磁场处理却没有明显的促进效果，猜测此差异可能与交变磁场产生的共振效应有关，即在该作用下，植物组织细胞膜的跨膜电压发生变化，从而导致离子通道更有效地传递咖啡因及其他离子。由于青稞中含有多种功效成分，利用磁场技术进行功效成分提取富集是青稞精深加工研究的内容之一。

（二）超微粉碎技术

超微粉碎处理技术作为近年来最重要的一种产品加工和利用技术，其产品加工的速度快且可以使物料的颗粒粒径变小并分布均匀，促进对物料中各种营养、功能成分的释放和吸收，同时具备可以改善物料的化学性质等优势。而气流式超微粉碎作为超微粉碎技术的一种，其工艺简单且产出率较高，因此在实际工业生产中广受欢迎。该技术现已广泛被用于改善苦荞麸皮、小麦麸皮等富含纤维等原料的加工。

有研究表明：通过超微粉碎制备不同粒度的青稞粉，随着超微粉碎数目的增加，青稞粉的粒度逐渐变小，青稞粉粗纤维、β-葡聚糖、粗脂肪、灰分含量随着粒度的减小而降低，其中粗蛋白、破损淀粉随着青稞粉粒度的减小而增加。120目青稞粉矿物质总量最高（7476.05mg/100g）。青稞粉中140目色泽最亮，L*值为86.96。60目青稞粉崩解值（272.00mPa·s）、回生值（151.00mPa·s）均最低，其具有较好耐剪切性、不易老化，面团不易流变。随着粒度的减小，青稞粉的持水性和持油性逐渐下降，溶解度更低、膨胀度更高。随着青稞粉粒度的减小，青稞粉休止角、滑角和堆积密度、振实密度、透光率逐渐增大，X射线衍射峰的强度增大。140目青稞粉析水率最低（47.98%），最适宜加工冷冻食品。

（三）酶解法处理技术

酶解法处理技术是在一定程度的反应条件下，利用酶的催化作用将物料中的成分进行转化的技术。其特点是利用酶来降低反应所需的活化能，从而加速物质反应的速率。目前，酶解技术已广泛应用于乳制品加工、肉类加工、烘焙等食品领域。木聚糖酶和纤维素酶是食品加工中影响膳食纤维的主要酶，酶解可以有效改善麦麸中膳食纤维的理化性质，改善麸皮的口感和质地，解决麸皮溶解性差、消化不良的问题。

有研究表明，采用复合酶解法对青稞麸皮进行酶解处理，在青稞麸皮粉与水的料液比为1∶25克/毫升时，淀粉酶与糖化酶同时使用，淀粉酶使用量为0.9%，糖化酶使用量为0.8%，温度70℃，时间120 min；蛋白酶使用量为0.6%，温度60℃，时间100 min；纤维素酶使用量为1.0%，温度65℃，时间60min，在此条件下制取青稞麸皮膳食纤维的提取率高达8.45%，可溶性膳食纤维的纯度高达92.3%，制得的可溶性膳食纤维与未添加的纤维素酶制得的膳食纤维相比，持水性增加了24.5%、持油性增加了30%、膨胀力增加了100%。

（四）膨化技术

挤压处理可在一定程度上增加米糠中直链淀粉的含量，使米糠内部结构更多孔，质地均匀，有利于人体消化吸收和综合利用。膨化使小麦的深层结构改变但营养成分含量稳定，故膨化处理小麦可广泛用于全麦早餐粉、膨化零食等即食食品的制备。气流膨化技术是指在低温、真空条件下，使得物料内部的水分发生改变，物料组织发生膨胀，导致物料结构疏松，脱水干燥的一种加工方法。有学者研究发现，气流膨化可使干燥米糕条进行膨化，制作成混合膨化食品，更易消化。以上几种加工技术均广泛应用于谷物的加工处理。其充分利用谷物原辅料的特性，在谷物淀粉的精深加工方面具有非常重要的影响。经这几种加工技术改造过的谷物及麸皮，能生产出健康且适合不同人群的休闲食品，为我国食品工业生产提供了重要的技术指导。

有研究发现，将青稞全粉挤压膨化后，青稞粉中的营养成分发生了有益的变化，主要体现在脂肪、淀粉、蛋白质和β-葡聚糖含量都有所减少，总糖含量有所增加,而灰分含量基本不变。其中,在高温高压条件下,淀粉被充分α-化(糊化),经放置后也难复原成β-淀粉,青稞风味进一步优化,消化率提高,也延长了食品的货架期。此外,青稞面粉中的直链淀粉、糊精和还原糖的比例增加,有利于食品加工和食用。β-葡聚糖分子链断裂,分解为分子量小的糖类而使得总β-葡聚糖含量下降。而由于部分脂肪在高温、高压下也被蒸发以及部分水解成甘油和游离脂肪酸会与直链淀粉和蛋白质生成复合物,因而膨化后,总脂肪含量比膨化前有所减少。挤压改性显著改变了青稞粉的粉质特性,使其吸水性指数、膨胀势、糊化度、a*、b*、白度值、初始黏度显著升高,而水溶性指数和糊化参数显著降低,增强了青稞粉冷凝胶黏度和抗老化特性。在105℃的挤压条件下,挤压青稞改性粉的峰值黏度随着水分的减少而增加(最高增加86.21%)。挤压改性显著提高了青稞粉的营养价值(可溶性膳食纤维和β-葡聚糖含量分别增加了24.05%,19.85%),严重破坏了淀粉颗粒和晶体结构(相对结晶度下降57.28%)。随着温度和水分的增加,淀粉中较长支链(B1链和B2链)会剪切降解为短支链(A链)。同时,挤压改性还会促进部分直链淀粉浸出,形成更多的淀粉-脂质复合物。

(五)超声辅助提取技术

青稞中的脂肪主要集中于青稞麸皮上,青稞籽粒中油脂含量仅为1.19%,但是麸皮中的油脂含量为6.04%—7.45%。麸皮作为青稞加工副产物,具有极高的营养价值,但利用率很低,人们常常忽略了麸皮的潜在价值,大多被用于饲料等。青稞油脂中主要为不饱和脂肪酸,其中亚油酸含量最高,约为75.1%,不饱和脂肪酸在抑制α-葡萄糖苷酶活性上有较好的效果,因此,麸皮油对于糖苷酶抑制有极人的应用潜力。使用正己烷、乙酸乙酯、乙醇三种溶剂分别提取青稞麸皮中的脂溶性成分,发现正己烷提取物抑制α-葡萄糖苷酶的能力最强,其次是乙酸乙酯作为提取溶剂提取物的α-葡萄糖苷酶抑制能力较好,而乙醇作为提取溶剂提取物的α-葡萄糖苷酶抑制能力较低。经过超声处理后能明显看到麸皮表面结构产生破碎,更有利于从青稞麸皮中萃取出有效的提取物,因此选择超声浸提是一种有效的提取方法。此外,青稞麸皮中含有丰富的膳食纤维,利用超声辅助提取技术可以提高膳食纤维的溶解度和获得率。

三、青稞产品发展趋势

（一）传统青稞食品的提升

糌粑和青稞酒作为藏民族传统的青稞食饮品,由于生活习惯和销售区域的限制,糌粑和青稞酒主要在涉藏地区销售。但随着消费改变和市场需求,传统的青稞食饮品已不能满足消费者的需求,因此,青稞传统食饮品的品质、质量提升是市场选择。在原有糌粑产品的基础上,添加果蔬粉等配料,通过工艺改进、配方优化等技术,研制出的代餐粉较原有产品,不仅营养更全面,而且口感更能使广大消费者接受。传统青稞酒企业为了满足市场需求,也在研制不同酒精度、不同口感的新型传统青稞酒。

（二）青稞休闲食品

随着我国全面建成小康社会,藏族地区和内地生活消费水平都大大提高,因各种食物的相互渗透,饮食结构发生了明显改变,藏族人民的饮食中米、面的比重大大增加,青稞占比降至1/3。大健康产业是国民消费的热门领域,青稞具有"三高两低"（高纤维、高维生素、高蛋白、低脂肪、低糖）的特性,非常适合"三高"和需要控糖、瘦身的人群,在大健康领域具有很大的发展潜力。

目前,市面上的青稞休闲食品还是以青稞饼、青稞麦片、青稞锅巴、青稞饮品为主。随着互联网网络平台和直播平台等新兴渠道的快速发展,以及消费者对青稞产品认知度的不断提高,研制营养健康、快捷方便的青稞休闲食品,不仅能够为消费者提供青稞多元化食饮品,还可以拓宽企业的产品种类,为企业提供新的经济增长点。

（三）青稞饮品

随着人们对青稞原料品质的不断深入研究,以青稞为原料的谷物类植物饮料类产品也在不断地涌现。当前,我国青稞植物饮料还是以谷物饮料为主,主要是调配型青稞谷物饮料和发酵型青稞谷物饮料两大类。虽然关于青稞谷物饮料的研究较多,但目前市场上销售的青稞谷物饮料还是较少,产品单一。青稞谷物饮料是一种新型的粗粮谷物饮料,关于青稞原料中各组分包括淀粉、蛋白质、脂肪等对产品的风味、口感、质地等方面的影响还需开展深入的研究。根据市场调研及国内外谷物饮料发展趋势的研究,青稞谷物饮料系列产品的开发具有广阔的市场前景。

1. 调配型青稞谷物饮料

调配型青稞谷物饮料为当前我国青稞饮料市场中的主要产品,其工艺特点主要在青稞原料处理方面。从相关的资料来看,青稞原料的处理通常有四种方式:一是直接使用青稞原料进行调配;二是将青稞原料经过100℃—180℃的烘焙,以提升青稞原料的香气和口感;三是将青稞原料经过100℃—180℃的烘焙并采用一定的酶水解技术,以提升青稞原料的口感和外观色泽;四是将青稞原料发芽,制成青稞麦芽,然后采用不同的烘焙温度烘干,制备出不同色泽和香气的青稞麦芽原料,再辅之以相关的原料调配,如豆类、紫米、枸杞等原料,研制出较多的青稞饮料产品。

2. 发酵型青稞谷物饮料

当前,发酵型青稞谷物饮料也是我国饮料市场上的重要产品之一。发酵型青稞谷物饮料根据我国《饮料酒术语和分类》(GB/T 17204—2021)标准规定,以产品中的酒精含量0.5%vol(体积)为界,分为发酵型青稞谷物软饮料和发酵型青稞谷物酒精饮料。其中发酵型青稞谷物软饮料的酒精含量≤0.5%vol,而发酵型青稞谷物酒精饮料中酒精含量>0.5%vol。

(四)青稞保健食品

青稞籽粒中的膳食纤维含量达16%,主要为β–葡聚糖和阿拉伯木聚糖(AX)。青稞是世界上已知麦类作物中β–葡聚糖含量最高的作物,最高接近9%,是小麦中含量的50倍以上,具有降血脂、降胆固醇、调节肠道健康、预防心脑血管疾病的作用。阿拉伯木聚糖具有极强的生物活性,可作为免疫调节剂增强人体免疫力,对于各种肿瘤细胞生长有抑制作用,同时也具有较高的肠道益生活性。因此,近年来以青稞或提取物为主要原料,开发降血脂、降血糖、降胆固醇、抗肥胖等青稞保健食品也是研究的重点领域之一。

第二节　存在的主要问题

一、青稞种植存在的问题

（一）生产基础条件方面

一般来说，青稞生长的最适宜温度为5℃—25℃，生长温度超过25℃时，会影响生长和品质，低于5℃时又会导致生长缓慢。因此，适宜青稞生长的地区，通常具有低温、高寒的特点。

由于环境、气候、地理位置等因素的影响，总体来说，青稞种植区域土壤较为贫瘠、生产基础比较薄弱。如西藏自治区土壤有机质含量和基础地力低，耕地质量平均等级为8.36，比全国平均耕地质量等级4.76差3.6，耕地质量排名全国垫底；低等级耕地（七至十级）占比达86.6%，中低产田比例大；良繁基地和生产基地基础设施建设薄弱，新建农田水利设施和排灌设施不足；生产机械化程度受客观生产条件和从业人员能力水平影响，仍以传统的小规模、粗放生产方式为主，机械化生产多数只在特定区域、某些生产环节施行，整体处于传统生产方式逐步向机械化生产方式过渡的起步转型期，生产效率和效益均较低。甘南州地理地貌复杂，境内海拔差异大，立体气候明显，旱灾、雹灾、病虫害频发。全州耕地中旱地占97.95%，山坡地为主，农田地块小，农业机械化率远低于全国平均水平。耕地质量平均等级为六等，中低产田占比达90%以上。

（二）青稞品种选育方面

青稞育种仍基于传统方式，还处在依靠简单的表型性状和经验的阶段，没有把生物学、统计学、遗传学等知识充分应用于育种工作。虽然青稞育种单位掌握大量且丰富多样的青稞种质资源，但没有系统地鉴定筛选，实际育种中难以推广应用。在青稞新品种培育中，多注重产量性状的提高，青稞在不同生态条件下的粮饲通用型、加工专用型、营养健康型等专用型或多元化品种方面研发不足。此外,以往青稞育种目标主要是针对加工农牧民的基本食品糌粑、青稞酒等的需求,未能从深加工、营养保健食品、酿酒开发等专用品种方面进行研究,也没有制定相关质量标准,这些都严重制约了青稞专用新品种的选育和开发应用。

近年来,相关科研单位已开展青稞优良基因挖掘、分子育种技术研究,但总体来讲,青稞育种还是以传统育种为主。因此,为了青稞品种的更新换代、满足生产的需要,还要充分利用小孢子培养、分子辅助育种、设计育种等技术体系以及智能化表型鉴定手段,引进、创新、构建青稞现代生物智能育种技术体系,使定向育种、快速育种技术应用于青稞育种。

(三)青稞高产高效种植方面

农田装备和农业设施相对落后,青稞生产设施装备保障程度差,抗御自然灾害能力弱。由于青藏高原特殊的自然条件、特有的文化特征以及历史原因,很多种植户仍沿用过去传统的自给自足种植模式,缺乏市场参与意识,科学种田的意识不足,许多种植户不能将良种良法配套使用,也缺乏科学的田间管理,导致产量低、效率低。

生产机械化程度受客观生产条件和从业人员能力影响,仍以传统的小规模、粗放生产方式为主,机械化生产多数只在特定区域、部分生产环节施行,整体处于传统生产方式逐步向机械化生产方式过渡的起步期,生产效率和效益均较低。以户为单元的分散化、碎片化种植导致土地成本、机械设备、人工成本及管理成本较高,青稞生产成本普遍较高。青稞种植关键技术创新不足,以高标准农田建设和耕地质量提升为基础,强化坡耕地合理耕层构建、土壤有机质提升、良种布局、精量播种、肥水调控、绿色防控、高效减损收获等技术研究,挖掘青稞增产潜力,提高耕地综合生产能力。

二、青稞加工存在的问题

（一）青稞初加工存在的问题

青稞加工的产品除了有传统的糌粑、青稞酒，还有青稞白酒、青稞啤酒、青稞米、青稞饼干、青稞面条、青稞桃酥、青稞代餐粉等，青稞资源优势还没有得到充分的开发利用。加工的大多是初级产品，精深加工产品很少，附加值低。由于粗加工技术含量低，进入门槛低，许多企业都生产类同的产品，导致粗加工能力过剩，低水平重复建设严重。加工技术落后，缺乏明确的质量标准，产品质量参差不齐，缺乏保鲜和包装技术。

（二）青稞精深加工存在的问题

青稞加工企业辐射带动范围小。青稞加工规模有限，青稞转化率较低，精深加工产品少、技术含量低，对农户的辐射带动作用有限。青稞加工还是以糌粑、青稞粉及青稞面等初级产品为主，许多是根据市场现有的青稞产品进行模仿，技术门槛低。现有绝大多数青稞加工企业缺乏专业技术人才，更没有研究团队，仅有如青海互助天佑德青稞酒股份有限公司等少数青稞加工企业有科研团队，加之青藏高原特殊的环境气候条件，缺少特定条件的青稞精深加工专用设备，因此还未系统地开展青稞品种、加工品质与精深加工技术研究，缺乏高附加值、技术含量高的产品研制。目前青稞加工企业还是以小规模生产为主，产品类同问题严重，品牌效应弱、标准体系缺乏。

（三）青稞副产物综合利用存在的问题

青稞副产物是指青稞的加工和生产过程中所产生的废料或未被利用的部分，这些副产物中仍含有大量营养成分和活性物质。目前，青稞副产物产品市场集中度较低，主要原因是青稞生产主要分布在青藏高原地区，由于土地分散，人口稀少，导致生产企业分散、规模小，难以形成集中竞争格局。加之青稞产业起步晚、对青稞体系性综合研究缺乏，导致对青稞副产物梯次加工与高值化综合利用程度还需进一步提高。必须引进一批副产物综合利用新技术、新工艺、新设备，开发一批高附加值新产品，提升资源化综合利用水平。培育一批以低成本、低能耗、低排放、高效率为特征的副产物加工企业,推动青稞副产物的综合利用。

(四)产品创制存在的问题

目前,青稞产品主要有糌粑、青稞酒、青稞米、青稞粉、青稞白酒、青稞挂面、青稞代餐粉、青稞啤酒、青稞饼干等。许多企业由于规模小,研发能力弱,生产的产品主要是市场上现有的、技术含量低的产品。产品创制方面还未从青稞加工原料品种、品质到不同的加工技术对产品营养成分及风味物质的保持、产品的口感等多维度进行研究。青稞产品主要还是模仿如小麦、燕麦等谷物研发的产品,缺乏具有青稞品质特点的创新产品。

三、产品销售存在的问题

青稞产品作为营养健康的食饮品,越来越被广大消费者所接受,现有"西藏青稞""地球第三极"等公用品牌,但青稞产品品牌总体上还是知名度不高、影响力有限。加之营销手段比较落后、产品标准不健全,缺乏广泛的宣传,导致在国内外销售范围有限。而且目前许多企业还没有组建专门的营销团队,销售人才短缺,也影响了青稞产品的销售。

第三节 主要原因分析

一、研发力量薄弱

由于涉藏地区特殊的地理环境、气候条件及社会经济发展因素的原因,导致缺乏各类专业技术人才。对于大多数青稞加工企业及合作社就业人员,学历层次主要在高中以下,近一半以上的人员只有初中学历,产品加工以经验为主,加工企业研发能力弱,90%以上的加工企业没有研发部门及研发专业人才,没有形成产品加工规范,经常出现不同批次产品品质及质量不一致的现象。缺乏现代企业管理人才,企业管理人员以经验管理为主,对现代化的管理理念掌握不够。

企业自身研发能力薄弱，急需增加产品种类，但缺乏青稞的加工技术知识，缺少青稞加工方面的专业研发人员。调研中发现部分公司及合作社不重视自身品牌的建设，内地部分企业请西藏企业代加工糌粑、青稞米等产品，糌粑等产品被经销商自己贴牌，无法体现出西藏本地特色及品牌，不利于西藏青稞品牌发展，影响西藏青稞企业品牌进军内地市场。从长远看在一定意义上压制了本地农产品的发展。

二、标准体系建设不足

原料是产品的基础。目前许多青稞加工企业收购的青稞加工原料品种不一，品质差别大。少数青稞加工企业建立了专用青稞生产基地，开展原料有机认证，但原料基地所产青稞不能满足企业的原料需求，由于缺乏青稞加工原料标准要求，目前市场上所购青稞原料参差不齐，杂质率高。同时青稞加工企业及合作社数量多，但总体规模小，部分青稞加工合作社没有生产经营许可证，存在生产厂房非标准化设计、加工设备落后、产能较低、无产品技术生产标准、人员生产操作不规范、产品品质不统一等问题。而一些企业为了吸引消费者，在缺乏青稞产品标准规范的情况下，添加极少的青稞原料，而宣称青稞产品，导致市场青稞产品鱼龙混杂，也影响了青稞产业的发展。

三、生产经营成本高

一是生产时间短导致设备和厂房大量闲置，运营成本高。农产品生产一般具有季节性，生产时间相对较短，同时水电、交通等基础生产条件只有这段时间才能得到有效保障。很多农业企业每年仅有半年甚至更少的时间正常开工，其余时间只能关门停产，造成了企业设备、人员在半年时间内的闲置，维护费用高，又无法产生正常的经济效益。二是劳动力结构性短缺问题严重，人工成本高。青稞生产地区地广人稀，劳动力自身相对缺乏，经济发展落后，很多人口外出务工，加剧了劳动力短缺，导致当地用工成本较高。三是与主销区距离较远，运输成本高。青稞生产区域市场容量小、消费能力弱，产业链不全，包材、配料等许多材料都需要从外购买，产品加工完成后，大部分产品需运往北京、上海等大城市进行销售，运输成本很高。四是营销渠道不畅，销售成本高。青稞加工企业大都远离中心城市，与大型商超等销售渠道对接不顺畅，费用高。

四、产学研联系不紧密

目前，青稞加工企业各自为主，企业间及企业与科研单位之间缺乏沟通和交流渠道，导致产品种类同质化现象严重；青稞以粗加工为主，缺少技术含量高、精深加工产品。

青稞加工中小企业研发水平普遍不足，哪怕有核心技术升级优化的需求却也无处咨询，本该承担起产业转型升级责任的科研院所，大多也难以胜任该角色，主要是科研与生产之间存在缺环，联系不紧密。科研机构研究人员主要为了完成项目工作而努力，绝大部分的科研成果仅停留在理论阶段，科研人员无暇顾及科研成果的产业化，对企业的具体技术需求不能完全掌握，加之在目前许多青稞加工企业规模小、效益一般的情况下，企业也没有资金来购买科研机构研究出来的成果。

第四节　主要对策建议

一、提升耕地质量和青稞种植水平

以提升土壤有机质含量为重点，提倡大力施用腐熟农家肥，推广增施商品有机肥、生物有机肥、秸秆快速腐熟还田技术，因地制宜发展绿肥种植，提高土壤有机质含量，优化土壤碳氮比和土壤结构，增强耕地保土、保水、保肥和满足农作物生长需要的能力，调整种植结构，制定轮作轮歇计划，确保农作物秸秆综合利用率达到95%以上，持续开展测土配方施肥，综合采用农艺、生物、工程等措施，对平整后的农田进行地力提升，培肥地力，表土肥力好的地块尽可能"熟土还原"，促进土壤养分平衡。

围绕青稞产业高质量发展的重大需求，充分利用挖掘的优异基因资源、创制的新种质与构建的骨干亲本，综合运用细胞工程、基因工程、分子设计和传统育种技术，利用南繁和温室加代加速育种进程，构建定向、快速、高效的现代青稞育种技术体系，创制丰产、优质、多抗、专用、全程适应机械化的品种群，满足青稞产业高质量发展对多元化品种的需要。

围绕青稞生产"粮草双收"和绿色发展要求，重点开展青稞高产栽培技术攻关，以高标准农田建设和耕地质量提升为基础，开展坡耕地合理耕层构建、土壤有机质提升、良种布局、精量播种、肥水调控、绿色防控、高效减损收获等技术研究，挖掘青稞增产潜力，提高耕地综合生产能力，形成一批拥有自主知识产权的新技术、新产品和新工艺。

二、加大科技投入，研制多元化产品

要加强产品技术创新和产品开发，加大青稞产品加工关键技术工艺、技术装备开发力度。积极引进先进、适用、成熟的产品加工技术，结合我区实际予以改进和完善，确保落地生根。企业必须加强自身的研发能力建设，可与科研院所共建产品研发平台，加强对产品关键技术研发，提高产品技术含量，对青稞产品副产物进行梯次加工和高值化利用，开发出能够满足广大消费者的安全健康方便的食饮品和有市场需求的保健品，向精深加工、高附加值加工转变。

目前西藏青稞综合利用率低，青稞加工产品种类少、同质化突出。由于加工设备落后，缺少加工技术的支撑，产品仍是以糌粑、青稞米、青稞酒、青稞麦片等产品为主。虽然近两年内出现了青稞精酿啤酒等新产品，但企业加工方式简单，管理粗放，存在产业链条短、产品种类少，缺少高附加值产品等问题，而且青稞产品销售市场规模有限，一家企业生产出新产品，在短期内别的青稞加工企业也会生产出类同的产品。

全面开花的生产必须要有龙头企业的引领，规范生产、树立品牌，通过兼并重组，扩大企业规模，提高产品技术含量，从粗加工向精深加工转变；对西藏青稞加工工艺进行优化升级,重点解决传统青稞食品糌粑及青稞酒的保质期问题,洁净糌粑加工推广及青稞酒品质提升等问题,青稞产品营养保全和青稞产品口感改善问题,青稞绿色减损工艺集成应用问题等。通过技术提升,形成青稞加工独立的加工技术,完成青稞及加工副产物的综合利用。注重青稞文化内涵,将青稞产品与西藏旅游相结合、与区内外及国内外的市场相结合,以市场为导向,开发出满足市场需求的青稞方便食品、青稞饮料及具有保健功效等的青稞多元化产品。

三、健全原料及产品标准体系,打造地方品牌

原料是产品的基础。目前许多青稞加工企业收购的青稞加工原料品种不一,品质差别大。一些少数青稞加工企业建立了专用青稞生产基地,开展原料有机认证,但原料基地所产青稞不能满足企业的原料需求,市场上所购青稞原料参差不齐,杂质率高;同时,市场上的青稞产品由于没有青稞产品标准,部分企业以青海青稞冒充西藏青稞,有的青稞产品含量仅有3%—5%也以西藏青稞产品的品牌进行市场销售,这样的乱象严重影响了青稞产业的发展。因此,针对不同青稞产品加工对原料品质的要求,企业应根据原料及产品的内控要求,建立专用型青稞品种基地,根据自身产品的需求收购能够满足生产的专用品种;加强青稞产品标准体系建设,形成加工原料及产品规范,建立起产前、产中、产后标准一体的规范体系。

品牌的发展离不开质量安全基础,企业要大力实施生产标准化、管理规范化,严格执行农产品卫生标准,积极开展"三品一标"的认定认证,建立健全质量监管体系和可追溯体系,确保农产品及加工品质量安全。目前,我国的消费转向了品牌消费的新时代,社会性和心理性、个性化需求逐步升级,企业要及时转变发展思路,贯彻新的发展理念,强化品牌发展意识,走差异化和优质高效的发展道路。要以品牌为核心,推动青稞加工产业又好又快发展。在推进生态保护和建设的基础上,坚持因地制宜、效益发展的原则,积极推进集约化、种养加一体化、产供销一体化、城乡一体化、规模化经营和"公司+商标品牌+

基地+农牧户"等策略，支持龙头企业、专业合作社做大做强，完善利益联结机制，打造企业与农户利益共同体，让农牧民分享农业产业化的增值收益。

四、加强人才团队建设

目前，许多青稞加工企业由于加工产品科技含量低、规模小、效益一般，对科技的认可程度不高，不愿意拿出资金聘请专业技术人才，也不愿意购买科技成果。加之青稞加工企业整体实力弱，难以吸引高端专业技术人才，个别企业引进的先进设备因人才短缺问题而无法高效运转甚至闲置，严重影响了加工企业的经济效益及青稞加工产业的发展。因此，在人才队伍建设方面，政府要加强专业技术人才的引导，引导专业技术的高校毕业生到企业就业、引导科研院所的专业技术人才到企业服务；企业要根据自身需要，建立结构合理的人才队伍，建立科研团队，重视专业人才在企业的待遇及发展，让技术人才留得住，愿意为企业服务。

五、建立线上线下相结合的销售网络

利用中国农业信息网、扶贫网、自媒体等网络加大对青稞产品的宣传力度，培育消费市场，逐步形成面向全国乃至全球的青稞加工产品宣传优势。鼓励企业参加全国农高会、农产品加工投资洽谈会等活动，加强与内地科研单位及加工物流企业和电商平台的对接交流活动，加强技术、资金、市场、品牌等方面的联合、融合，促进加工企业与全国物流、快递等流通体系对接融合，加快发展电子商务、连锁经营等流通业态，畅通青稞产品物流渠道。充分利用"青稞产品无污染""功效显著"的特点，实施"品牌标准化战略"，开发生产一批科技含量高、附加值高、适销对路的优质产品，形成一批知名度高、质量安全过硬的高原特色青稞产品品牌。在北京、上海、广州、深圳、成都等地，建设一批青稞产品专门店，形成青稞品牌，鼓励、支持企业开展直销经营等流通业态，利用"互联网+"的发展契机，充分利用各类电商营销平台，开发线上线下相结合的销售途径。

附　录

2023年青稞产业发展大事记

（一）相关政策

1.《中华人民共和国粮食安全保障法》已由中华人民共和国第十四届全国人民代表大会常务委员会第七次会议于2023年12月29日通过，自2024年6月1日起施行。

2. 国家发展改革委公布修订后的《粮食质量安全监管办法》（国家发展改革委令2023年第4号），自2023年10月1日起施行。

3. 农业农村部《全国高标准农田建设规划（2021—2030年）》经国务院批复同意于2021年9月6日印发。

4.《中共中央 国务院关于做好2023年全面推进乡村振兴重点工作的意见》

5.《西藏自治区"十四五"时期科技创新规划》（藏政办发〔2021〕38号）

6.《西藏自治区高原轻工业高质量发展规划（2023—2030年）》（藏绿工组发〔2023〕4号）

7.《西藏自治区"十四五"农业机械化发展规划》（藏农厅发〔2022〕15号）

8. 西藏自治区农业农村厅《西藏自治区2023年绿色高产高效行动促进粮油等主要作物大面积单产提升工作方案》

9. 西藏自治区农业农村厅《西藏自治区现代农业产业技术体系（试点）建设实施方案（2023—2025年）》

10.《西藏自治区人民政府办公厅印发关于进一步降低用电成本助力高原特色产业高质量发展实施方案（暂行）的通知》（藏政办发〔2023〕15号）

11.《西藏自治区财政厅关于下达2023年中央财政实际种粮农民一次性补

贴资金的通知》（藏财农指〔2023〕11号）

12.《青海省人民政府办公厅关于印发支持建设海南藏族自治州国家可持续发展议程创新示范区若干措施的通知》（青政办〔2023〕25号）

13.《青海省人民政府办公厅农业农村部办公厅关于印发〈打造青海绿色有机农畜产品输出地专项规划（2022—2025年）〉的通知》（青政办〔2023〕9号）

14.《中共青海省委青海省人民政府关于贯彻落实〈中共中央 国务院关于做好2023年全面推进乡村振兴重点工作的意见〉的实施意见》（青政办〔2023〕1号）

（二）领导关怀

1.2023年6月28日，西藏自治区党委书记王君正到自治区农牧科学院调研。王君正进入农业研究所、省部共建青稞和牦牛种质资源与遗传改良国家重点实验室、农产品开发与食品科学研究所、水产科学研究所，与科研工作者交流交谈，详细了解青稞小麦品种选育、牦牛种质资源鉴定评价与创新、农产品研发和渔业资源繁殖保护情况。他指出，近年来，自治区农科院立足我区经济社会发展所需，聚焦高原经济高质量发展新任务、新要求，在农牧科学研究、技术推广、人才培养等方面持续用力，为提高我区农牧业综合生产能力、推进农牧业高质量发展作出了积极贡献。他强调，要深入学习贯彻习近平总书记关于"三农"工作的重要论述，扎实开展主题教育，立足西藏实际、突出工作重点，充分发挥科学技术在农牧业发展中的促进作用，为全面推进乡村振兴提供有力支撑。

2.2023年9月27日，全国党建研究会副会长、第十四届全国政协委员、中组部原副部长曾一春，农业农村部党组成员、中国农业科学院院长吴孔明院士、副院长曹永生，农业农村部国家首席兽医师（官）李金祥等领导携膳食营养、农产品保供等方面的专家到西藏自治区农牧科学院调研指导。西藏自治区人民政府副主席郎福宽，区农业农村厅党组书记庄红翔，区农科院党组副书记、院长曹永寿，区农科院党组成员、副院长杨勇同志陪同调研，院各处室、各研究所主要负责同志参加了此次调研工作。调研期间在农科院拉萨国家农业科技园区参观了西藏农产品保供和膳食结构调整专题展板,实地考察了国家青藏高原作物种质资源圃(果树圃)等,在西藏农业科技创新园参观了区农科院食品所加工中试车间等。

3. 2023年8月4日至5日,十四届全国政协委员,原国务院扶贫办党组书记、主任,中国乡村发展志愿服务促进会会长刘永富一行在拉萨市开展青稞、牦牛产业调研。西藏自治区政府副主席次仁平措,自治区党委农办(乡振办)主任、农业农村厅、乡村振兴局党组书记庄红翔,自治区农业农村厅党组副书记、厅长张海波,自治区乡村振兴局党组副书记、局长江华,拉萨市副市长潘文卿等同志参加调研。4日上午,调研组一行赴西藏索朗兴青稞有限公司调研青稞产业生产加工情况,副总经理张喜德介绍了企业和产品基本情况,调研组参观了青稞米、面加工生产线。5日上午,刘永富一行赴自治区农牧科学院调研,农科院院长曹永寿陪同参加。在农科院试验田,专家向调研组详细介绍了青稞良种选育、推广、种植情况。在农科院食品所,张玉红副所长向调研组介绍了历年来青稞产品研发成果和推广情况。刘永富对农科院多年来取得的成绩给予肯定,他表示,要做好青稞良种培育工作,加快良种推广,为百姓增产增收再创新功;要加快青稞产品深加工研发,提升青稞产品附加值,利用好青稞控糖功效,做适应市场需求的健康食品,推动青稞产业发展。调研组一行参观考察了西藏奇正青稞健康科技有限公司,西藏奇正董事长雷菊芳陪同调研,参观了青稞产品生产线和青稞博物馆,详细了解了西藏青稞历史、企业发展情况和产品研发情况。

4. 2023年3月1日,西藏自治区政府副主席次仁平措,自治区人民政府办公厅二级巡视员、研究室副主任邬晓斌等一行赴西藏自治区农牧科学院考察调研了西藏农业科技创新园(水产科学研究所雅鲁藏布江渔业资源繁育基地、农产品开发与食品科学研究所加工中试车间、省部共建青稞和牦牛种质资源与遗传改良国家重点实验室)、农业研究所展览室及国家青藏高原作物种质资源中期库(拉萨),院党组书记次真、副院长杨勇、党组成员巴桑旺堆等陪同调研。

5. 2023年8月19日，中国科学院青藏高原研究所陈发虎院士一行以及西藏自治区科技厅厅长杨开勇、副厅长钟国强、马兵钢等领导莅临西藏自治区农牧科学院对资环所承担的自治区生态专项课题"西藏生态保护-修复关键技术与生态文明高地建设示范"实施情况进行考察调研。西藏自治区农牧科学院副院长杨勇同志陪同调研，科技厅、农科院相关处室及资环所主要负责同志参加调研。青高所陈院士一行以及科技厅领导首先对资环所4号试验地进行了实地查看，对目前西藏青稞种植以及产量等相关情况进行简要了解。

6. 2023年8月23日，中国科学院院士、中国农业科学院作物科学研究所研究员钱前一行莅临西藏自治区农牧科学院，考察水稻生长情况、第二次青藏高原科学考察青稞资源收集与鉴定情况，看望援藏干部郑成岩同志并座谈交流。中国农业科学院作物科学研究所所长、研究员周文彬，中国科学院成都生物研究所研究员王涛，武汉大学生命科学学院教授、杂交水稻全国重点实验室副主任侯昕，西藏自治区农牧科学院党组书记、副院长次真，院党组副书记、院长曹永寿，院党组成员、副院长杨勇等陪同调研，院机关各处室、农业所主要负责人及农业科技人员代表参加座谈。钱前院士一行深入调研了农业所三号试验地（青稞）、六号试验地（水稻），认真听取了科技人员介绍水稻、青稞等领域科研工作开展情况，详细了解了青稞等农作物新品种（系）选育和栽培试验情况。

7. 2023年9月14日，中国科学院院士、中国科学院分子植物科学卓越创新中心主任韩斌一行莅临西藏自治区农牧科学院，考察高原种质资源保护、开发及利用情况，并与西藏自治区农牧科学院相关部门就科技人才合作等事项进行了座谈交流。上海市农业科学院生物技术研究所副所长、研究员刘成洪，上海市启明星协会秘书长顾庆生，西藏自治区农牧科学院党组副书记、院长曹永寿，院党组成员、畜牧所党委书记巴桑旺堆等陪同调研，院机关相关处室、农业所、蔬菜所负责人及科技人员参加座谈。韩斌院士一行深入调研了食品所加工中试车间、省部共建青稞和牦牛种质资源与遗传改良国家重点实验室、农业所6号试验地（水稻田）、国家青藏高原作物种质资源中期库（拉萨），认真听取了科技人员的现场汇报，详细了解了青稞等育种成果及低血糖生成指数青稞面包、软牦牛肉干等西藏特色农产品研发成果。

8. 2023年7月25日，中国工程院院士曹福亮携南京林业大学林学院森林培育系副主任、遗传育种教授付芳芳，国家重点实验室副主任、遗传育种教授薛良交，生物科学学院副教授、植物系副主任苏涛，信息学院党委书记、林业经济讲师、西藏院士创新中心项目联系人杨青，莅临青稞和牦牛种质资源与遗传改良国家重点实验室，开展调研并座谈交流，西藏自治区林业和草原局党组成员、副局长刘学庆陪同。西藏自治区农牧科学院党组副书记、院长曹永寿主持座谈交流；副院长、青稞牦牛国家重点实验室主任杨勇，产业处副处长、青稞牦牛国家重点实验室常务副主任金涛，农业资源与环境研究所、草业科学研究所、农业研究所等所领导参加座谈交流。

9. 2023年9月20日，何梁何利基金代表处首席代表、评选委员会秘书长、国资委原监事会主席段瑞春，基金代表处财务总监、机构代表、科技部原办公厅主任蒙建东，基金代表处机构代表、评选委员会执行秘书任晓明，基金评选委员会工作人员苏炳男一行莅临西藏自治区农牧科学院，西藏自治区科技厅成果处陪同调研。调研组详细了解了西藏自治区农牧科学院国家农业科技园区、省部共建国家重点实验室、青稞精深加工平台、雅江渔业资源繁育基地等科技创新平台。

（三）重要研究项目

1. 2021年国家重点研发项目。《西藏青稞和饲草产业提质增效关键技术研究与示范》，西藏自治区农牧科学院，杨勇。2021.6—2024.6，项目经费1983.19万元（其中自筹80万元）。

2. 2021年西藏自治区科技重大专项。《青稞种质创制与提质增效关键技术研究与示范》，西藏自治区农牧科学院农业研究所，唐亚伟。2021.5—2024.5，项目总经费2100万元。

3. 2021年西藏自治区重点研发计划项目。《西藏主要青稞营养品质评价与鉴定》，西藏自治区农牧科学院质标所，次顿。2021.05—2024.05，项目经费100万元。

4. 2022年西藏自治区重大科技专项。《西藏特色食品资源高值化利用关键技术研发与应用示范》，西藏自治区农牧科学院农产品开发与食品科学研究所，张玉红。2022.10—2025.09，项目经费1500万元。

5. 2022年西藏重点研发计划项目。《青稞专用微生物菌剂研究与开发及田间应用研究》，西藏万盈天露生态农业科技有限公司，丁健。2022.04—2025.04，项目经费150万元，企业配套450万元。

6. 2023年西藏自治区重点研发计划项目。《青稞机械化生产关键环节装备研发与应用》，西藏自治区农牧科学院农业研究所，同坚。2023.03—2025.12，项目经费180万元。

7. 2023年西藏自治区重点研发项目。《药食同源青稞即食谷物食品的深加工研究及产业化》，西藏奇正青稞健康科技有限公司，王学兵。2023.03—2025.12，项目经费50万元，企业配套150万元。

8. 2023年西藏自治区重点研发项目。《西藏青稞核心种质构建、保护与高原适应性机制研究》，西藏自治区农牧科学院农业研究所，达瓦顿珠。2023.03—2025.12，项目经费150万元。

（四）重要产业发展项目

1. 藏区青稞育种加代与扩繁（元谋）基地灌区配套与改造提升工程。元谋县发展和改革局《元谋县发展和改革局关于藏区青稞育种加代与扩繁（元谋）基地灌区配套与改造提升工程可行性研究报告的批复》（元发改字〔2023〕62号）批准建设，建设资金为西藏自治区农牧科学院筹备，估算总投资2486.83万元。藏区青稞育种加代与扩繁（元谋）基地灌区配套与改造提升工程位于云南省楚雄彝族自治州元谋县黄瓜园镇苴林村田间试验区。

2. 西藏自治区特色农产品深加工项目。山东青岛援藏工作组招引的西藏自治区特色农产品深加工项目，落户桑珠孜区江当现代生态产业园区。该项目计划投资3.26亿元，总负责人德庆拉姆。年内新建西藏特色农产品深加工生产车间，预计年产黑青稞食醋6850吨、黑青稞酱油1500吨、青稞料酒1000吨、青稞面粉3000吨、饲料6000吨，以及青稞压缩饼干3000吨等青稞深加工产品。项目建成后可提供209个就业岗位，预计年产值达到7.4亿元。

3. 西藏首个落地的青稞白酒重点研发项目，西藏自治区农牧科学院和昌都察雅县达成的西藏高原青稞科技成果转化项目在昌都市察雅县吉塘镇开工建设。西藏高原青稞科技成果转化项目位于察雅县吉塘镇雪通村，项目总用地面积约265.54亩，设计规模为年产青稞香型基酒5000吨，年产商品白酒1.5万吨。该项目建成后，将形成以酒产业为主、旅游业为辅的盈利模式，带动乡村经济发展和农牧民就业，助力乡村振兴。

（五）重要成果

1. 省部级以上奖励

（1）《青稞高品质特色制品加工关键技术与装备创新开发及产业化》荣获"2023年度中国商业联合会科学技术奖"，获奖人员李梁、张义康、刘振东、汪新、张文会、罗章、薛蓓、贾福晨、柳致宁、周选围、白玛卓嘎、王国强。获奖单位：西藏农牧学院、西藏自治区农牧科学院农产品开发与食品科学研究所、西藏吉祥粮农业发展股份有限公司、西藏圣龙实业有限公司。

（2）《高产、抗倒伏和早熟冬青18号的选育与推广应用》荣获2022年度西藏科学技术奖项目二等奖，获奖人员尼玛扎西、其美旺姆、达瓦顿珠、雄奴塔巴、高利云、唐亚伟、杰布、焦国成、普布卓玛、拉巴扎西、曾兴权、桑布、王翠玲、关卫星、王玉林。获奖单位：西藏自治区农牧科学院农业研究所。

2. 授权发明专利

[1] 董明盛，卞春晓，张永柱，等. 一种纯青稞速食鲜湿熟面条及其制备方法：CN110236107B, 2023.01.20.

[2] 薛洁，张玉红，闫寅卓，等. 青稞脱皮的数字化加工设备：CN109971657B, 2023.01.31.

[3] 孔杭如，白术群，倪媛媛，等. 一种青稞苗粉及其制备方法：CN112568362B, 2023.04.14.

[4] 张春颖. 青稞蛋白质的分离纯化方法: CN110563796B, 2023.05.12.

[5] 李健, 王文颖, 展远蓉, 等. 一种青稞饮料及其制备方法: CN110651938B, 2023.10.10.

[6] 谭海运, 高雪, 韦泽秀, 等. 一种青稞醋及其制备方法: CN111117858B, 2023.06.23.

[7] 王蕊, 马洪恩, 李晓芬, 等. 一种青稞方便面的制作工艺: CN111264767B, 2023.08.29.

[8] 于佳俊, 张玉红, 薛洁, 等. 一种上面发酵型的青稞黑啤酒及其制备方法: CN111560295B, 2023.03.31.

[9] 李娟, 杜艳, 陈正行, 等. 一种抑制β-葡聚糖降解并富集GABA的青稞发芽方法: CN111838668B, 2023.03.10.

[10] 李俊, 周婧, 章漳, 等. 一种泛喜马拉雅地区青稞酒酒曲来源的酿酒酵母发酵产物制备及其应用: CN114081862B, 2023.06.16.

[11] 姚小波, 刘何春, 蔺瑞明, 等. 一种青稞抗坚黑穗病的鉴定方法: CN112048541B, 2023.06.16.

[12] 黄德建, 冯金娜, 冯声宝, 等. 一种青稞酒糟面膜及其制备方法: CN112156054B, 2023.04.14.

[13] 李力, 马森, 李利民, 等. 一种低GI青稞半干面的制作方法及装置: CN112790331B, 2023.06.27.

[14] 王福清, 张丽云, 许波. 青稞米混合粉与青稞方便米粉及其制备方法: CN112841511B, 2023.04.11.

[15] 马森, 李力, 鲍庆丹, 等. 一种青稞半干面生产工艺: CN114947056B, 2023.08.08.

[16] 李东, 艾爽, 陈意超, 等. 一种微生物组合物及在促进青稞种子发芽和生长上的应用: CN112961807B, 2023.01.20.

[17] 姚小波, 蔺瑞明, 刘何春, 等. 一种青稞抗散黑穗病的鉴定方法: CN113424720B, 2023.06.09.

[18] 张子杰, 党海青. 一种青稞酒酿造方法及设备: CN113355185B, 2023.04.07.

[19] 郑波, 朱俊超, 陈玲, 等. 一种低升糖指数全谷物青稞面条及其制备方法: CN113875930B, 2023.06.20.

[20] 李凯玲, 段治, 郭超群. 一种含有活性凝结芽孢杆菌的抗氧化青稞益生菌饼干及其制备方法: CN114223692B, 2023.11.17.

[21] 唐亚伟, 扎西罗布, 刘仁建, 等. 一种青稞除尘、筛分与烘干一体装置: CN114054338B, 2023.02.28.

[22] 唐亚伟, 扎西罗布, 刘仁建, 等. 一种用于青稞去皮和筛选的智能处理装置: CN114100727B, 2023.03.21.

[23] 王玉林, 羊海珍, 原红军, 等. 一种青稞矢车菊素5-氧糖基转移酶的用途: CN114807184B, 2023.06.09.

[24] 曾兴权, 许从萍, 徐齐君, 等. 一种青稞矢车菊素鼠李糖基转移酶基因及其用途: CN114763550B, 2023.04.14.

[25] 羊海珍, 许从萍, 王玉林, 等. 一种青稞矢车菊素氧甲基转移酶基因的新用途: CN114807183B, 2023.06.02.

[26] 羊海珍, 巴桑玉珍, 唐亚伟, 等. 一种青稞矢车菊素糖基转移酶基因及其用途: CN114763551B, 2023.09.15.

[27] 王玉林, 许从萍, 曾兴权, 等. 一种青稞矢车菊素丙二酰基转移酶基因及其用途: CN114790460B, 2023.09.15.

[28] 徐齐君, 唐亚伟, 扎桑, 等. 一种青稞抗旱相关基因及鉴别抗旱青稞的试剂盒和方法: CN114763549B, 2023.09.29.

[29] 包奇军, 赵锋, 柳小宁, 等. 一种高产青稞的高效选育方法: CN114303953B, 2023.04.11.

[30] 包奇军, 柳小宁, 赵锋, 等. 一种黑色籽粒青稞的选育方法: CN114467742B, 2023.01.10.

[31] 焦国成, 边巴, 普布卓玛, 等. 西藏青稞轻简化栽培方法: CN114557245B, 2023.03.24.

[32] 包奇军, 柳小宁, 赵锋, 等. 一种黑色籽粒勾芒粮草兼用型青稞的选育

方法: CN114557275B, 2023.01.10.

[33] 罗丹, 黄静, 后鹏飞, 等.一种常温益生菌青稞晶球加工装置及其工艺: CN114617224B, 2023.08.15.

[34] 隋中泉, 徐义娟, 徐浩然, 等.青稞嫩叶碱提多糖的制备方法及其应用: CN114874344B, 2023.03.14.

[35] 达瓦顿珠.一种青稞的春化加代培育方法: CN114651684B, 2023.09.08.

[36] 三安加措, 索朗卓玛.一种黑青稞啤酒及其制备方法: CN114836278B, 2023.08.08.

[37] 三安加措, 索朗卓玛.一种黑青稞啤酒: CN114958505B, 2023.08.04.

[38] 罗黎鸣, 金涛, 高雪, 等.一种高寒旱地青稞的栽培方法: CN114938765B, 2023.07.25.

[39] 张华国.一种青稞种植一体机: CN114885624B, 2023.07.21.

[40] 张文会, 阎莹莹, 田玉庭, 等.一种青稞酱油及其酿造方法: CN115211550B, 2023.11.21.

[41] 申瑞玲, 朱莹莹, 杜艳, 等.青稞全谷物曲奇饼干预拌粉及青稞全谷物曲奇饼干: CN115486473B, 2023.11.07.

[42] 杨雪梅, 李雄宇, 刘芸榕, 等.一种青稞幼苗普洱茶及其制作方法: CN115226797B, 2023.07.18.

[43] 叶伏华.一种青稞面包加工用原材料添加混合装置: CN115251100B, 2023.08.08.

[44] 陈伟, 朱继平, 钟成义, 等.一种青稞播种机V型可调式覆土镇压装置: CN115119548B, 2023.09.12.

[45] 高利云, 达瓦顿珠, 雄奴塔巴, 等.一种盐碱地种植青稞的方法: CN115462288B, 2023.06.23.

[46] 李娟, 杜艳, 梁锋, 等.一种青稞蛋白-多酚复合物及其制备方法与应用: CN115474647B, 2023.07.18.

[47] 李若旦才让, 冯声宝, 梁峰, 等.一种含青稞酒糟提取物的药物组合物

及其制备方法: CN115518131B, 2023.06.20.

[48] 王福清. 青稞β–葡聚糖的提取方法: CN115651093B, 2023.11.10.

[49] 隋中泉, 徐义娟, 王明明, 等. 青稞嫩叶酶提多糖的制备方法及其应用: CN115725004B, 2023.10.31.

[50] 钟成义, 黄昌明, 刘志林, 等. 一种青稞脱粒风选装置: CN116114477B, 2023.10.20.

[51] 沈群, 朱益清, 吴彤, 等. 青稞来源的抗氧化肽及其制备方法和应用: CN116589534B, 2023.10.31.

（六）主要荣誉

1. 2023年2月, 全国工商联、人力资源和社会保障部、全国总工会表彰了全国就业与社会保障先进民营企业和全国关爱员工实现双赢先进集体与个人, 青海互助天佑德青稞酒股份有限公司获"全国就业与社会保障先进民营企业"荣誉。

2. 2023年6月17日, 2023中华品牌商标博览会在广东东莞开幕, 西藏索朗兴青稞实业有限公司、拉萨净土产品展销有限公司等青稞加工企业获得2023年中华品牌商标博览会金奖。

3. 2023年7月6日, 中国酒业协会授予青海省海东市互助县"世界美酒产区·中国青稞酒乡·互助"称号。

4. 2023年8月, 青海青稞玉液酒业的"互助格桑花 青稞玉液酒"品牌参加由新华社《中国名牌》举办的"中国乡村振兴优秀品牌案例"系列行业评选活动。青海青稞玉液酒业取得第三名的好成绩, 获得"中国乡村振兴酒类优秀品牌案例"的荣誉。

5. 2023年8月30日, 西藏首批"西藏老字号"授牌仪式在拉萨举行, 认定西藏格藏青稞食品科技开发有限公司、西藏拉萨啤酒有限公司为自治区第一批"西藏老字号"。

6. 2023年9月, 日喀则市青稞产业大数据中心建设、西藏农牧业大数据实践与应用两个案例成功入选农业农村部的《关于2023年智慧农业建设优秀案例和征集工作优秀组织单位的通报》。

7. 2023年9月5日，在北京国际会议中心召开的第23届中国方便食品大会暨方便食品展上，奇正青稞脆片荣获"2022—2023年度中国方便食品行业创新产品"称号。

8. 2023年10月，天佑德乡村振兴实践成果入选《上市公司乡村振兴最佳实践案例》与110家上市公司共同展示乡村振兴优秀案例成果。

9. 2023年11月29日，第六届社会责任大会暨"2023奥纳奖颁奖典礼"在北京召开，会议主题是"共创责任现代化"，天佑德青稞酒公司获得第六届社会责任大会"2023年度责任优秀企业"荣誉。

10. 2023年12月1日，上海合作组织元首峰会、一带一路丝路文化之旅组委会等组织机构联合发起了"一带一路十周年·国礼品牌"专题活动，西藏达热瓦青稞酒业股份有限公司获"一带一路十周年·国礼品牌"殊荣。

（七）重要活动

1. 2023年1月2日，为期6天的第十八届中国（深圳）国际文化产业博览交易会在深圳国际会展中心圆满落幕。"砥砺奋进新时代·雪域高原开新局"是本届文博会西藏展馆的主题。西藏代表团积极组织28家文化企事业单位、著名品牌文化企业代表组团参会。

2. 2023年4月10日，"互助青稞酒"国家地理标志产品保护示范区（筹建）揭牌仪式在海东市互助县天佑德青稞酒公司正式举行。青海省市场监督管理局副局长王耀春，海东市人民政府副市长张忠良，海东市人民政府副秘书长杨元庆，海东市市场监督管理局局长李泰业，互助县委宣传部部长王正芳，互助县人民政府常务副县长马吉荣，青海互助天佑德青稞酒股份有限公司副总经理冯声宝出席，参加揭牌仪式的还有海东市各级政府及相关部门的负责人、示范区筹建相关负责人。此次揭牌标志着青海省首个国家地理标志产品保护示范区正式成立。

3. 2023年5月19日至21日，"2023全国杂粮产业发展学术论坛暨农产品加工技术与功能食品开发研讨会"在成都举行，由全国杂粮产业发展学术论坛组委会主办,四川农业大学农学院等14家单位协办。

4. 2023年6月21日,作为西藏首个落地的青稞白酒重点研发项目,西藏高原青稞科技成果转化项目在昌都市察雅县吉塘镇举行开工仪式,并举行了西藏高原青稞科技成果转化项目青稞白酒论坛,嘉宾们围绕"如何实行绿色有机生产、推动深度开发利用、壮大企业市场主体、建立完善流通体系、培育青稞白酒品牌、推进产业扶贫合作"等方面的问题进行座谈交流。

5. 2023年7月14日,以"'青'装上阵'稞'创助力'芯'向共富"为主题的青藏高原首届青稞产业高质量发展学术交流大会在炉霍县举办。由中共炉霍县委、炉霍县人民政府、甘孜藏族自治州农牧农村局主办,四川农业大学、甘孜藏族自治州农业科学研究所、国家现代农业产业技术体系(大麦青稞体系)成都综合试验站、国家现代农业产业技术体系(大麦青稞体系)甘孜综合试验站、炉霍县农牧农村和科技局、炉霍县乡村振兴局承办。

6. 2023年8月25日至29日,在阿坝县举办了"2023川西高原青稞产业高质量发展研讨会"。此次研讨会以"礼赞建州70周年·相约青稞丰收季"为主题,吸引了国家、省、州、县级领导,青稞领域专家(院士),国家大麦青稞产业技术体系岗站专家及团队成员,相关高校、科研院所、青稞主产区科研单位负责同志及专家,企业代表,以及中央、省、州媒体记者或媒体代表等100余人参加。

7. 2023年9月7日至9日,甘南州青稞产业科技创新建设项目天农——甘南青稞联合研发中心科研学术交流联合攻关暨现场观摩活动在甘南州农业科学研究所拉开帷幕。活动邀请天津农学院副校长王繁珍,天津农学院工程学院院长姜永成,天津农学院农资学院副教授赵飞参加。中共甘南州委农办主任、州农业农村局党组书记、局长旦智杰及局属相关单位科室负责人,市农业农村局相关单位负责人、甘南州涉农企业代表、州农科所党支部书记、所长李明军及全所干部职工共同探讨甘南高原青稞产业高质量发展之路。

8. 2023年10月27日至31日,第二十四届中国中部(湖南)农业博览会在湖南长沙隆重举行。西藏组织36家涉农企业、专业合作社参展,展示青稞酒、羊绒加工产品等高原农牧特色产品170余种,与湖南省、珠海市5家企业成功签约,协议资金达6亿元。第二十四届农博会对"西藏青稞""西藏羊绒"两个自治区级农牧业区域公用品牌进行推介，极大地提升了区域公用品牌的知名度。

9. 2023年11月4日，"第四届中国植物饮食产业大会"在京召开，举行了系列重要的论坛和活动，其中青稞产业创新发展座谈会在全国农业展览馆"农博空间"举行。此次座谈会由中国农工民主党中央文化体育艺术委员会、中国初级卫生保健基金会营养健康基金、中国民族文化艺术基金会乡村振兴公益基金、国农智库特别指导支持，中国农产品流通经纪人协会植物食学专委会主办，西藏福昙农业科技有限公司承办，中国食品工业协会经销商委员会、京亚资本、怀柔科学城等机构战略支持。西藏自治区政府原副秘书长潘旭春介绍了西藏青稞产业现状及西藏自治区青稞产业规划。北京工商大学、俄罗斯院士刘新旗教授团队的刘晶鑫主任以"青稞创新技术未来发展"为主题介绍青稞技术的最新科技成果与未来发展趋势。会上各个机构协会就共同成立国农青稞产业委员会以及发起成立青稞产业创新联盟达成共识。

（八）社会影响

1. 西藏新闻联播 报道 西藏高原青稞科技成果转化项目开工 2023年6月21日

2. 西藏新闻联播 报道 自治区党委书记王君正同志调研西藏自治区农牧科学院农产品开发与食品科学研究所 2023年6月28日

3. 西藏日报报道 西藏高原青稞科技成果转化项目 来源：西藏日报2023年6月28日

4. 农业农村部公布全国第七批率先基本实现主要农作物生产全程机械化示范县（市、区）名单，西藏萨迦县、边坝县、巴宜区成功入选。至此，全区基本实现主要农作物生产全程机械化示范县（区）数量达到8个。来源：西藏日报2023年1月9日

5. 农业农村部公布了第二批全国种植业"三品一标"基地名单，青海省西宁市湟源县日月乡青蒜苗、西宁市湟中区云谷川马铃薯、玉树州囊谦县吉曲乡黑青稞三个基地成功纳入第二批全国种植业"三品一标"基地。来源：青海日

报 2023年1月29日

6. 青海日报报道 "黑青稞" 酿出乡村振兴"好滋味" 来源：青海日报 2023年10月18日第5版综合新闻

7. 《"协同推广"新模式 助力青稞产业高质量发展》青海新闻网·2023年 11月16日 来源：青海日报

参考文献

[1] 姚黄兵等：《磁场技术在农产品加工中的应用及研究进展》，《食品科学》2024年第6期，第306-316页。

[2] 郭慧珍等：《不同粒度青稞粉的品质特性》，《食品与机械》2023年第10期，第150-155页。

[3] 张倩芳等：《不同预处理方式对青稞麸皮营养成分和理化性质的影响》，《农产品加工》2021年第18期，第25-28页。

[4] 邢晓婷等：《青稞营养特性与加工品质研究进展》，《中国食物与营养》2023年，第29卷（第6期），第40-44页。

[5] 许如根等：《西藏青稞产业现状分析与提升策略探讨》，《农业与技术》2024年第44期，第40-43页。

[6] 刘小娇等：《青稞营养及其制品研究进展》，《粮食与食品工业》2019年第26期，第43-47页。

[7] 陆培等：《青稞营养成分研究进展及其应用现状》，《酿酒科技》2022年第7期，第110-116页。

[8] 《饮料通则（GB/T10789-20215）》，中国标准出版社2015年版。

[9] 《谷物类饮料（QB/T4221-2011）》，中国标准出版社2011年版。

[10] 白超杰：《青稞谷物类饮料工艺研究》，南昌大学2015年硕士学位论文。

[11] 包杰等：《青稞在面包中的应用研究及展望》，《粮食与油脂》2023年第12期，第10-12+28页。

[12] 靳玉龙：《西藏不同品种青稞的氨基酸组成及营养价值评价》，《粮食与油脂》2023年第12期，第125-129页。

[13] 韩昕丽等：《我国青稞产业经济分析》，《中国食物与营养》2024年第1期，第

14—18页。

[14] 刘闯楠等:《燕麦、荞麦、青稞面条品质影响因素及其改良研究进展》,《食品与发酵工业》2023年第11期,第347—351页。

[15] 卢灏泽等:《西藏传统青稞酒的相关研究及前景分析》,《轻工科技》2021年第5期,第19—21页。

[16] 黄昊等:《西藏传统青稞酒酿造用藏曲中主要酵母菌的分离及酿造特性研究》,《食品与发酵工业》2021年第2期,第8—14页。

[17] 张志薇等:《传统青稞酒现状探究》,《西藏农业科技》2020年第1期,第91—93页。

[18] 张伟建等:《青稞酿造酒的研究进展》,《酿酒科技》2023年第7期,第91—94页。

[19] 文华英等:《青稞啤酒的研究进展及发展探讨》,《酿酒科技》2020年第3期,第70—74页。

[20] 于佳俊等:《啤酒酿造中青稞深加工产品的应用探究》,《中外酒业 啤酒科技》2019年第9期,第37—40页。

[21] 聂陈志鹏:《青稞茶中酚类物质缓解骨骼肌衰老及其机制的研究》,江南大学2023年博士学位论文。

[22] 黄冰羽:《青稞粉及品质改良剂对青稞-小麦混合粉面团特性及面包品质的影响》,四川农业大学2023年硕士学位论文。

[23] 吴雨晴等:《加工对青稞营养成分及生物活性影响的研究进展》,《食品工业科技》2024年第5期,第8—17页。

[24] 杨雪梅等:《青稞幼苗普洱茶的工艺研究》,《现代食品》2023年第3期,第70—74页。

[25] 张宇:《燕麦β-葡聚糖对淀粉消化吸收和血糖的影响》,江南大学2015年硕士学位论文。

[26] 宋江南等:《青稞β-葡聚糖对高脂诱导的C57小鼠胆固醇代谢的影响》,《中华疾病控制杂志》2013年第2期,第93—98页。

[27] 王梦倩等：《青稞的营养价值和功效作用研究现状》，《食品研究与开发》2020年第23期，第206-211页。

[28] Vasiljevic T et al, "Effects of β-Glucan Addition to a Probiotic Containing Yogurt", *Journal of Food Science*, 2007, 72(7):405-411.

[29] Aydinol P and Ozcan T. "Production of reduced-fat Labneh cheese with inulin and β-glucan fibre-based fat replacer", *International Journal of Dairy Technology*, 2018, 71(2): 362-371.

[30] 董吉林等：《燕麦β-葡聚糖的黏性及其在冰淇淋中的应用》，《食品研究与开发》2007年第7期，第193-196页。

[31] 王斌：《稻谷发芽富集γ-氨基丁酸及大米加工技术研究》，华中农业大学2018年硕士学位论文。

[32] 曹晶晶：《发芽糙米及制品加工过程中γ-氨基丁酸变化研究》，中国农业科学院2018年硕士学位论文。

[33] Nshimurai M et al. "Effects of white rice containing enriched gammaaminobutyric acid on blood pressure", *Journal of Traditional and Complementary Medicine*, 2016, 6(1): 66-71.

[34] 高晓彤：《生产GABA乳酸菌的筛选及其相关特性研究》，山东大学2015年硕士学位论文。

[35] 欧阳俊彦等：《γ-氨基丁酸对情绪应激大鼠血脂的影响》，营养学报2013年第3期，第241-245页。

[36] Gabbay V et al. "Anterior cingulate cortex γ-aminobutyric acid in depressed adolescents: relationship to anhedonia", *Archives of General Psychiatry*, 2012, 69(2): 139.

[37] 韩啸：《乳杆菌产γ-氨基丁酸能力分析及其发酵乳改善睡眠效果评价》，江南大学2019年硕士学位论文。

[38] Steenbergen L et al. "γ-Aminobutyric acid (GABA) administration improves action selection processes: a randomised controlled trial".

Scientific Reports, 2015, 5(1): 12770.

[39] Pasko P et al. "Anthocyanins, total polyphenols and antioxidant activity in amaranth and quinoa seeds and sprouts during their growth". *Food Chemistry*, 2009, 115(3):994−998.

[40] Arora S et al. "Effect of germination and probiotic fermentation on nutrient profile of pearl millet based food blends". *British Food Journal*, 2011, 113(4−5):470−481.

[41] Noort M W J et al. "The effect of particle size of wheat bran fractions on bread quality – Evidence for fibre-protein interactions". *Journal of Cereal Science*, 2010, 52(1): 59−64.

[42] Pignolet O et al. "Highly valuable microalgae: biochemical and topological aspects". *Journal of Industrial Microbiology & Biotechnology*, 2013, 40(8): 781−796.

[43] 马玉华：《GABA对高脂膳食小鼠脾脏调节性T细胞及免疫功能的影响》，江南大学2014年硕士学位论文。

[44] Flores H E and Filner P. "Polyamine metabolism in higher plants: Characterization of pyrroline dehydrogenase", *Plant Growth Regulation*, 1985, 3(3): 277−291.

[45] Kim H S et al, "Self-enhancement of GABA in rice bran using various stress treatments", *Food Chemistry*, 2015, 172(apr.1): 657−662.

[46] 王淑芳等：《低氧胁迫下大豆发芽富集γ−氨基丁酸品种筛选及培养条件优化》，《食品科学》2014年第21期，第159−163页。

[47] 王姗姗等：《西藏地区不同粒色青稞多酚及花青素含量分析》，《现代农业科技》2020年第19期，第217−220页。

[48] 乔廷廷等：《花青素来源、结构特性和生理功能的研究进展》，《中成药》2019年第2期，第388−392页。

[49] 刘常园等：《花青素的稳定性与功能研究进展》，《食品与营养科学》2018年

第1期，第53-63页。

[50] 刘军波等：《蓝莓花青素加工特性及功能活性研究进展》，《饮料工业》
    2017年第6期，第56-60页。

[51] Xu Q et al, "Bioactivities of blueberryanthocyanins Biotechnology and
    Medical Science", *World Scientific*, 2016: 104-109.

[52] 朱文优等：《青稞在四川麸醋发酵生产中的应用》，《中国调味品》2014年
    第7期，第62-66页。

[53] 吴庆园：《响应面法优化青稞醋发酵工艺条件》，《食品与发酵工业》2016年
    第9期，第109-115页。

[54] 朱文优等：《青稞醋液态发酵工艺研究》，《中国调味品》2012年第7期，第
    45-48页。

[55] 高丹等：《青稞酱油的生产工艺》，《科技资讯》2013年第17期，第228页。

[56] 吴舒颖等：《青稞制品加工研究进展》，《食品研究与开发》2021年第21期，
    第201-210页。

后 记

本书是中国乡村发展志愿服务促进会（以下简称促进会）牵头编写的乡村振兴特色优势产业培育工程丛书之一，是促进会关于中国青稞产业发展的第二本蓝皮书。按照促进会的总体部署，本书的编写工作由西藏自治区农牧科学院农产品开发与食品科学研究所牵头，联合西藏自治区农业技术推广服务中心、青海大学农林科学院、青海大学农牧学院、甘肃省农业科学院经济作物与啤酒原料研究所、甘南藏族自治州农业科学研究所、云南省农业科学院生物技术与种质资源研究所、迪庆藏族自治州农业科学研究院、四川农业大学农学院、四川省农业科学院食物与营养健康研究所、甘孜藏族自治州农业科学研究所及相关企业共同编写关于我国青稞产业发展的年度报告。

本书由西藏自治区农牧科学院农产品开发与食品科学研究所所长张玉红研究员整理总体思路、设计撰写方案、召开专题研讨会、组织产业调研、统筹撰写工作，编写人员通过搜索查阅、调研咨询、企业座谈、数据分析等，沟通协调完成编写内容。在此期间，编写成员发挥了较强的分工协作能力，如期形成了初稿，又经中国乡村发展志愿服务促进会组织的专家初审会和专家评审会评审，最终形成了《中国青稞产业发展蓝皮书（2023）》。

本书结构框架由主编张玉红审定，统稿由白婷、张文会完成，撰写人员具体分工如下：

　　绪　论

　　　　张玉红、白婷、张文会

　　第一章　青稞产业发展基本情况

　　　　朱明霞、阳思渊、姚有华、刘延辉、吴昆仑

第二章　青稞产业发展外部环境

　　　　王姗姗、聂成玲、王建、潘志芬、赵峰

第三章　青稞产业发展重点区域

　　　　靳玉龙、张文会、杨希娟、周素婷、余国武、邓俊琳、刘梅金、张
　　　　文刚、党斌

第四章　青稞产业发展重点企业

　　　　贾福晨、张文会、朗杰玉珍、程若琼、夏陈

第五章　青稞产业发展的代表性产品

　　　　白婷、尹小庆、依斯麻、赵拓涵、曾亚文

第六章　青稞产业发展效益评价

　　　　陈天荣、刘家乐、唐浩峰、隆英

第七章　青稞产业发展趋势与对策

　　　　张文会、阎莹莹、包奇军、柳小宁

附　录

　　　　胡赟

　　在中国乡村发展志愿服务促进会的全程指导、协助推动下，《中国青稞产业发展蓝皮书（2023）》编写工作顺利完成。在此，向蓝皮书统筹规划、章节写作和参与评审的专家们表示感谢！本书由编委会顾问闵庆文主任审核。正是由于大家的辛勤努力和付出，保证了该书能够顺利出版。此外中国出版集团研究出版社也对本书给予了高度重视和热情支持，其工作人员在时间紧、任务重、要求高的情况下，为本书的出版付出了大量的精力和心血，在此一并表示衷心的谢意！感谢所有被本书引用和参考的文献作者，是你们的研究成果为本书提供了参考和借鉴，由于编写时间短、内容信息量大，本书仍存在一些不足和有待改进与完善的地方，真诚欢迎专家学者和广大读者批评指正。

　　　　　　　　　　　　　　　　　　　　　　　　　　本书编写组

　　　　　　　　　　　　　　　　　　　　　　　　　　2024年5月